日本の偉人物語6

良寛
渋沢栄一
昭和天皇

岡田幹彦

光明思想社

はじめに

『日本の偉人物語6』は、良寛・渋沢栄一・昭和天皇をとりあげた。

良寛を知らない人はほとんどいない。子供らとかくれんぼや手毬(てまり)をした愛深くやさしいお坊さんとして誰からも好かれ親愛(しんあい)されてきた。

また良寛は素晴らしい和歌と漢詩を作り、ひときわ美しい書を書いた。和歌は超一級であり、漢詩はわが国随一といわれ、書は空海と並ぶ「書聖」として讃えられている。和歌・漢詩・書ともに卓越(たくえつ)していたのだから、日本民族の一大天才であった。

しかし肝腎(かんじん)な仏僧(ぶっそう)としての真価(しんか)はこれまで長らく蔽(おお)われ、ただ子供や農民に親しまれた温良なお坊さんと見られてきたのである。しかしそれは大間違いであった。仏道(ぶつどう)の根幹(こんかん)とされる「托鉢行(たくはつぎょう)」を生涯貫(つらぬ)いた日本仏教史上ほとんど類(たぐ)いなき古今独歩(ここんどっぽ)の大聖大徳(たいせいだいとく)であり、良寛もまた代表的日本人の一人にほかならなかったのである。

渋沢栄一は今日、大きく見直されている。近代日本において約五百もの企業を設立した「日本資本主義の父」「実業王」「財界の太陽」とたたえられた人物だが、三井や三菱のように「渋沢財閥」を作ろうとはしなかった。

渋沢は「道徳と経済の一致」を掲げて、「富をなす根源は仁義道徳」にあるとして「士魂商才」を唱え、「実業道は同時に武士道でなければならない」との根本信念をもって近代日本経済の基礎を定め大発展させた最高指導者・司令塔であった。渋沢の実践した日本的経済・経営は、今日世界を蔽うアメリカ流の利己主義に立つ金融中心の「強欲資本主義」の正反対・対極にあるものである。また渋沢は晩年、公共・社会・福祉・慈善・教育事業に余生の全てを捧げたが、関係した事業は約六百にも及んだ。世のため人のため国のために最善を尽くした九十二年の生涯は、国史に永久に刻まれるべき尊く価値高きものであった。

わが国の歴史において最大の危機・国難は、大東亜戦争とその敗戦並びにアメリカによる占領統治であった。この未曾有の国難においてご一身を投げ出されて国家国民を救われたのが昭和天皇である。

はじめに

昭和天皇は占領軍総司令官マッカーサーと会見されて、「私を絞首刑にしてもかまわない」とまで言われ全責任を取られんとした時、マッカーサーは感動の涙を湛(たた)えて「私は初めて神のごとき帝王を見た」と言わざるを得なかった。アメリカは日本を二度と立ち上がらせないために、天皇を戴(いただ)く日本の国体を根本から破壊せんと企(たくら)んでいたが、それをかろうじて阻止(そし)したのが、聖帝(ひじりのみかど)・昭和天皇のお命を捧げての捨身(しゃしん)のご行為であった。

「万世一系(ばんせいいっけい)の天皇」を国家の中心に戴く神国(しんこく)日本の存在こそ世界最高の至上価値である。天皇と国民の精神的絆(きずな)が不滅であることを明らかに示したのが終戦の歴史であった。今日、世界の国々人々が最も尊敬し憧(あこが)れを抱く国は、皇国(こうこく)日本であることを知らねばならない。

本書出版にあたってご尽力頂いた光明思想社社長白水春人氏並びに中村龍雄氏に深く感謝申し上げる。

令和三年三月

岡田幹彦

日本の偉人物語 6

良寛　渋沢栄一　昭和天皇

目次

はじめに

第二話　渋沢栄一――近代日本の発展に尽した「財界の太陽」

第三話　昭和天皇——喜びも悲しみも民と共にして

※カバー写真提供　良寛記念館　国立国会図書館　共同通信社

第一話

良寛

――仏道・和歌・詩・書すべてに傑出した古今独歩の大天才

良寛

宝暦８年(1758)～天保２年(1831)
現在の新潟県三島郡出雲崎町に生まれる。江戸時代後期の曹洞宗の僧侶。和歌、漢詩、書の達人でもあった。号は大愚。名は栄蔵。
(肖像画：良寛記念館所蔵)

1、誰からも愛慕（あいぼ）される日本人

宗派を超えて親愛される良寛（りょうかん）

良寛を知らない日本人はいない。誰もが良寛に親しみを感じている。歴史上の偉人に対してふつう人々には好悪（こうお）の念があり、全ての人から好感を抱（いだ）かれる人物は少ない。だが良寛は例外で、良寛を嫌い悪く思う人はほとんどいない。

しかしながら人々は良寛が仏教者・仏僧（ぶっそう）として果（はた）してどのくらい偉いのか、あるいは偉くはないのかはよく知らないのである。それでも良寛の故郷越後では

人々からとりわけ深く親愛されてきた。ある研究家はこうのべている。

「良寛は人間を限りなく愛した。一段高いところから人間を教えようという気はなかった。ただ人間を愛したのだ。だからこそ越後の人々はあまりえらくない〝良寛さ〟を限りなく愛した」

〝良寛さ〟の「さ」は「さん」よりも低い呼び方で敬称ではない。偉い人には「……さま」というが、そうではないごく普通の人々に対して越後の人は「……さ」とよんだのである。良寛は大寺院の主でもなく、寺を持たないただの「乞食僧」にすぎなかった。世間的には全く偉い坊さんではなかった。越後の人々はごく一部を除いて良寛が、稀有の高徳の僧侶であるとは知らなかったが、それでも良寛を親愛してやまなかったのである。


仏教各宗において、信徒が教祖を尊敬するのは当然であり、教祖は信徒から神のごとく仰がれるが、他宗の信徒にとっては尊敬の対象ではない。ところが良寛は宗派を超えてまた仏教にさほど関心を持たない人々にも親愛されてきた。そのような仏教者は空海のほかに、ただ一人良寛があるだけである。

良寛は最澄・空海・法然・親鸞・道元・日蓮等の一宗を開いた教祖ではない。にもかかわらずこれらの人々に少しも遜色（劣ること）なく、彼らとは一味も二味も異なる風格（人柄・品格）を持つ仏僧である。また今日、伝記・物語は最も多い一人である。後世に及ぼした影響・感化は教祖たちにさほど劣らない。

更に特筆すべきは、良寛は芸術的に超一級の和歌・漢詩・書を数多く残したことである。ことに漢詩はわが国随一といわれ卓絶（とびぬけてすぐれていること）している。書も今日、空海に並ぶ「書聖」としての声価が定まっている。和歌もまた素晴らしく超一流である。和歌・漢詩・書の一つだけでも傑出していればそれだけで天才だが、良寛は三つとも卓越していたのだから大天才にほかならない。

そうしてこの三つ以上にすぐれていたのは、仏教者としての中身の充実であり、高貴な人格、人間性であった。つまり良寛は、仏教・和歌・漢詩・書の四方面全てにおいて超絶（他に超えてすぐれていること）していたわが日本民族の一大天才であり、仏僧として良寛に匹敵しうるのは空海だけである。全く驚嘆するほかない偉人であったが、長い間、その真価は蔽われたまま正当な評価を受けてこなかったのである。あまりにもすごすぎてほとんど誰にもわからなかったのだ。子供たちと手毬、かくれんぼなどにたわむれる誠実・純真・素朴・温良な慈愛に溢れたお坊さんとして親愛されたが、それ以上ではなかったのである。

日本仏教史上・日本文化芸術史上に卓越した足跡を残した良寛が、これまで正当な評価を受けてこなかったことについてある研究者は、良寛は「精神的嵩下げ（物の高さ・大きさを下げ低めること）」をされてきたとのべている。ふつう史上の偉人は実体以上に「精神的嵩上げ」をされがちである。偉人は後世の人々により、いやが上にも持ち上げられ崇められるものである。しかし良寛は全くその反対であった。みな良寛を親愛したが、まさか日本民族の誇るべき一大天才、代表的日本人の一人とまではとうてい思いも寄らなかったのである。しかし考えてみるならば、越後の庶民たちが仏教史上稀有の人物であるとは全く知らずして良寛を愛慕してやまず、また後世の人々も今日に至るまで良寛をかくも親愛してきたそのことが、多くの日本人が無意識のうちに良寛の偉大さを直観的に感受していた証であったと言えよう。

生い立ち――読書好きの内気な少年

良寛は宝暦八年（一七五八）十二月、越後国三島郡出雲崎（現新潟県三島郡出雲崎町）に生まれた。名は山本栄蔵、父・山本泰雄、母・秀子の長男である。山本家は出雲崎の町名主をつとめ、この地で数百年を経た由緒ある名家で橘屋とよばれた。良寛が亡くなったのは天保二年（一八三一）一月六日数え七十四歳である。

良寛の生まれた前後、わが国には偉人が幾人も出ている。上杉鷹山、伊能忠敬、塙保己一がほぼ同じ頃、少し前に本居宣長、少し後に二宮尊徳、平田篤胤が生まれている。この間約五十数年、七人もの偉人が生まれたが、上杉鷹山と平田篤胤のほかは庶民の出身である。

幼少時の良寛は素直で温良、女の子のように毎日、手毬やおはじきに興じ、お伽話が好きだったと伝えられている。ことに手毬は大好きでしかも上手だった。大人になってもいつも手毬を持参して托鉢に回り、あちこちで子供らと手毬をついたことはよく知られている。

ごく幼いころは読書、学問をひどく嫌ったが、ある時期から急に読書に興味を抱き、物語、和歌、漢文等貪るようにして読んだ。毎日読書にふける良寛に対し、ある年の盆、母の秀子が、「少しは外へ出て、踊りでも見て気持を晴らしておいで」と送り出した。夕方になり、秀子が何気なく庭先を見ると石燈籠のそばに人影があった。盗人かと思って薙刀を取り出しそっと近づいてみると、燈籠の光で本を読みふけっている良寛がいた。このように読書好きで向学心の強い良寛は、すぐれた頭脳を授かりことに記憶力は抜群だった。

性格は誠実、温良だったが、寡黙で口下手、内気であった。後年、良寛は自らを「愚」「頑愚（頑固で愚直なこと）」「訥（口下手）」「拙（へたなこと、つたないこと）」「疎（うといこと、おろそかなこと）」と言っている。人々とうまく交際し、町名主の任務はじめ俗世間の種々の仕事をてきぱきと処理して世の中を上手に渡ってゆくことが苦手な性分であったのである。

十一歳から十七歳まで、北越四大儒（四人の立派な儒学者）の一人、大森子陽の塾で学んだ。当時、豪農、豪商、名主階級の子弟は武士と同様の学問をした。四書（『論語』・『大学』・『中庸』・『孟子』）五経（『易経』・『書経』・『詩経』・『礼記』・『春秋』）や『孝経』『唐詩選』等が教科書である。師の大森はすぐれた人物で、良寛は大森を慕い深い感化を受けた。この時代の勉学が良寛の学問・教養の基礎となった。撓みない努力とすばらしい記憶力とが相俟って、この六年間で基本的な学力をしっかり身につけることができた。後年、良寛はすぐれた漢詩を作るが、手元には一冊の詩集も参考書もなかった。しかし数多い名詩はほとんど記憶しそれらを血肉化していたから、わが国きってのすぐれた漢詩（というより良寛独特の日本的な漢詩）を作り得たのである。

出家

良寛は十八歳のとき名主見習い役になった。出雲崎は戸数が千五百もある大きな港町で、佐渡に渡る重要な港であり、近くには幕府の代官所が置かれていた。この出雲崎の町名主を数百年間つとめてきたのが山本家橘屋であった。出雲崎全体のことを取り仕切る町名主はいわば町長だから、政治的行政的手腕が十分なければその任務を果せない。むつかしい仕事が少なくなく人々の間を往き来し物事を適切に処理しなければならない。

しかしそのような役目は良寛に最も不向きであった。人柄はとてもよいが町名主として求められる才能、手腕に欠けていた。良寛は学問好きで知的好奇心は人並すぐれていたが、町名主の仕事に情熱を尽す気持にとてもなれず、二十二歳のときついに出家するのである。父と母の期待にそむくことに良寛は深く悩み苦しんだが、どうしても父のあとを継ぐことが出来ず出家の道を選ぶのである。やむなく父は弟の由之にあとを継がせた。

良寛は備前国玉島（岡山県倉敷市）の円通寺で以後十数年間、仏道修行をした。円通寺は禅宗の曹洞宗（開祖道元）で、良寛を導いた禅師は国仙和尚である。

良寛がなぜ出家したのかは、良寛自身何も語っていない。代々続いた町名主を継ぐべき本来の任務を放棄して、父母を深く悲しませ親不孝をした良寛には、深い罪意識があったに違いない。とても家にいることにいたたまれなかったであろう。また世をはかなく思う気持にもとらわれたであろう。

とび抜けた頭脳をもっていたから、最も適切な進路は学者になることであったかもしれない。しかし町名主はいやだから学者になるとはとても言えなかったであろう。そこで罪の償いの気持をこめて出家の道を選んだと思われる。母の秀子は信仰心の厚い人だったからその影響もあったであろう。

僧侶になるしかなかった良寛は、円通寺で猛烈な精進（一所懸命努力すること）をした。多くの弟子の中で誰よりも修行に励み、弟子中の最高位である一等首座に任ぜられ、三十三歳のとき国仙和尚から印可（仏道修行においてその奥義を許し授けること）を受けた。これを受けると寺の住職になれるのである。

そのあと良寛は数年間、諸国行脚の旅に出た。国仙和尚は印可をうけた翌年亡くなった。良寛は諸国の寺々を巡りさらに修行を重ねたのである。この間のことはほとんど何も伝えられていない。

帰郷

良寛が越後に戻ったのは三十八歳の時である。国仙和尚からその人物と求道精進ぶりを高く評価された良寛は、ゆくゆくは大寺院の住職か大本山の偉い坊さんになると将来を期待されたかも知れない。しかしそうはならなかった。良寛はいなか寺の住職にもならず、寺なしの托鉢僧として帰郷したのである。当時、修行を終えて印可を受けた僧侶は、みな例外なく寺の住職となったのである。そうしないと生活してゆけないからである。良寛はなぜそうしなかったのであろうか。

江戸時代、仏教はいわば国教として栄え、全国隅々どんないなかにも各宗の寺があり、庶民の全てが各宗の信徒であった。しかし一方で仏教は精神を失い形式化、形骸化し、僧侶の堕落が進んでいた。良寛の属する曹洞宗は永平寺と総持寺で長年月間、本山争いが続いていた。一寺の住職となれば永平寺か総持寺かどちらかに帰属することになり、両者の抗争、紛争の一端に加わることになる。また当時の僧侶は民衆の教化よりも葬式の壮麗化に力を入れた。また高位の僧侶にも仏道から逸脱した生活をする者が少なくはなかったのである。

誠実で純真で愚直な良寛は、こうした仏教と僧侶のあるまじき堕落を嫌悪し許しがたく思い、とうていこれに堪えられなかったのである。だから決して寺の住職にはなろうとしなかったのであろう。

良寛の父母はすでに亡くなっていた。良寛は出雲崎近くの各地をしばらく転々として、托鉢行を続けた。やがて出雲崎の北方にある国上山（新潟県燕市分水町）の五合庵に定住、ここで十数年すごした。五合庵は国上山の中腹にあるわずか四畳半の建物である。ここで起居し朝晩、坐禅をし日中は遠近を托鉢して回った。托鉢して人々から喜捨（喜んで他人に金品を施すこと）していただいた食物だけが生活のかてであった。お金はほとんどもたず、財産は何一つなかった。衣食住とも最低限の質素なつつましい生活であった。冬は数か月間積雪のため托鉢はできないから家にとじこめられ、貯えた乏しい食物で食いつなぐのである。その間、坐禅に励み、和歌や漢詩を作り、人々から借りた本を読んだ。老齢の最晩年を除きこうした生活が、帰郷後約三十年間続くのである。誰にも出来ないことであった。良寛は五合庵の生活につき次の漢詩をよんだ。

索索五合庵　　索々たる五合庵
実如懸磬然　　実に懸磬の如く然り
戸外杉千株　　戸外　杉千株
壁上偈数篇　　壁上　偈数篇
釜中時有塵　　釜中　時に塵有り
甑裏更無烟　　甑裏　更に烟無し
唯有東村叟　　唯　東村の叟有りて
頻叩月下門　　頻りに叩く月下の門

※**索々**＝わびしいこと。　**懸磬**＝空っぽ、何もないこと。　**千株**＝千本。　**偈**＝仏の徳をたたえた昔の僧の詩。　**釜中**……＝食物がないこと。　**甑裏**＝こしきの中、こしきは米を入れて釜の中で蒸すもの。　**叟**＝老人。

狭い五合庵の部屋の中は何もない。ただ良寛の好きな詩がいくつか壁にかかっているだけ。托鉢により生活しているので、時には何も食べるものがないこともある。しかし良寛の心は満たされていた。決して一人ぼっちの生活ではなく、まわりには良寛を親愛する人々が少なからずいて、時折人々が自分を尋ねてきてくれるという詩である。世間的に見るなら貧しくわびしくきびしい五合庵の生活だが、この暮しを肯定する良寛の心は楽しく豊かなのである。もう一つの詩。

襤褸又襤褸　　襤褸　又襤褸
襤褸是生涯　　襤褸　是れ生涯
食裁取路辺　　食は裁かに路辺に取り
家実委蒿萊　　家は実に蒿萊に委ぬ
看月終夜嘯　　月を看て終夜嘯き
迷花言不帰　　花に迷うて言に帰らず
自一出保社　　一たび保社を出でてより

錯為箇駑駘　錯って箇の駑駘と為る

※襤褸＝ぼろ。良寛生涯の無一物の質素な生活。　裁＝やっと。　路辺に取り＝托鉢により食物を喜捨してもらうこと。　蒿莱＝あれくさ、草庵、五合庵。　嘯き＝詩歌を作って口ずさむ。　言＝五合庵。　保社＝円通寺。　錯る＝まちがう。　駑駘＝のろい馬、才能なき愚か者。

良寛の半生は何ひとつ持たぬ極貧の最低限の生活、まさに「おんぼろの生涯」だった。しかしその心は誰よりも高く清らかで仏道の根本である托鉢行に打ちこみつつ、月花の風雅な世界に遊び、美しい詩歌を詠んだ類稀な僧侶であった。自身を「錯ってこの駑駘と為る」と言っているのは決して自己卑下ではない。世間的に見るならば、「寺なし坊主」「乞食僧」としてうだつのあがらぬのろまの愚か者に見えるであろう。しかし私はそれでよいのだ。自分は僧侶として真の道を生きているのだからという大肯定の詩である。このような詩を詠むことができた人は「大愚良寛（良寛は自分をこう呼んでいた）」だけである。

2、純真・温雅・高貴な比類なき人間性

人々への限りない慈愛――「同事行」の実践

良寛は托鉢のかたわら、あちこちで子供たちと遊んだ。手毬・おはじき・草相撲・かくれんぼなどして何時間も戯れたのである。そこから数多くの逸話が生まれた。ある日例のごとくかくれんぼをした。良寛は物陰にかくれた。やがて夕暮が迫る。子供たちは良寛を置いてきぼりにして家に帰った。そうとも知らず良寛は半刻（一時間）余りそっとかくれていた。そこに近所の人が通りかかり、「良寛

さ、なにしてござるだ」と声をかけた。良寛は「しっ、静かに、そんな大きな声を出すと鬼が見つけるわ」といった。よく知られた話である。

良寛は子供たちといつも時を忘れたかのように遊びたわむれた。これが二十年、三十年も続いたのである。それは良寛が子供を真（しん）に愛したからできたことであった。良寛の名詩に次のものがある。

青陽二月初　　青陽（せいよう）　二月（にがつ）の初（はじ）め
物色稍新鮮　　物色（ぶっしょく）　稍新鮮（ややしんせん）たり
此時持鉢盂　　此時（このとき）　鉢盂（はつう）を持（じ）し
得得遊市鄽　　得々（とくとく）として市鄽（してん）に遊（あそ）ぶ
児童忽見我　　児童（じどう）　忽（たちま）ち我（われ）を見（み）
欣然相将来　　欣然（きんぜん）として相将（あいひき）いて来（きた）る
要我寺門前　　我（われ）を要（よう）す　寺門（じもん）の前（まえ）
携我歩遅遅　　我（われ）を携（たずさ）えて歩（あゆ）み遅々（ちち）たり

放盂白石上
掛嚢緑樹枝
干此闘百草
干此打毬児
我打渠且歌
我歌渠打之
打去又打来
不知時節移
行人顧我咲
因何其如斯
低頭不応伊
道得也何以
要知箇中意
元来只這是

盂を白石の上に放ち
嚢を緑樹の枝に掛く
此に百草を闘わせ
此に毬児を打つ
我打てば渠且つ歌い
我歌えば渠之を打つ
打ち去り　又打ち来りて
時節の移るを知らず
行人　我を顧みて咲う
何に因って其れ斯の如きかと
低頭して伊に応えず
道い得るも也何以ぞや
箇中の意を知らんと要せば
元来　只這れ是と

※**青陽**＝春。 **物色**＝いろいろの物。 **稍**＝しだいに。 **鉢盂**＝米などをいれる器。 **得々**＝気持を新たにする。 **市鄽**＝町。 **遊ぶ**＝気ままに歩く。 **欣然**＝喜ぶ様子。 **相将いて**＝連れ立って。 **要す**＝求める、誘う。 **遅々**＝ゆっくり。 **盂**＝鉢盂。 **嚢**＝頭陀袋(ずだぶくろ)、托鉢僧の持つ袋。 **百草を闘わせ**＝草引き相撲の遊びをすること。 **毬児**＝手まり。 **渠**＝彼、子供。 **我打てば……**＝手毬唄を歌いながら手毬を打つ。 **行人**＝道行く人。 **咲う**＝笑う、嘲笑する。 **低頭**＝頭を下げる。 **箇中の意**＝この中の気持。 **元来**＝もともと。 **這**＝事物をさす。 **是**＝語調を整える助詞。

子供たちは良寛を見つけて喜んで集り、手を引いてお寺の門前に連れて行く。そしてそこで草引き相撲や手毬(てまり)を楽しみ時のたつのを忘れるのである。ところが町の人々の中には、大の男が日中働きもせず子供らと打ち興(きょう)ずることを奇異(きい)に感ずる人もいた。この坊さんは少しおかしいのではないかと思い、「いい大人が一体なぜそんなことをするのです」と問い詰(つ)め、あざ笑ったのである。良寛はただ頭を下げて何も言わなかった。言ったところで良寛の真意がわかってもらえないからである。最後の二句は、「この毬つきの気持を知りたければ、ただ見た通りのことですよと言おう」との意である。

　良寛が子供たちと無心に遊んだのは実は深い意味があった。仏教には「四摂法」という僧侶にとっての重要な務めがある。第一・布施（仏法・財を施すこと）、第二・愛語（他の人への慈愛の念のこもった言葉）、第三・利他行（身と口と意の善行により人々を助けること）、第四・同事行（人々に近づき人々と行いを同じくすることにより人々を救うこと）である。この四つは「菩薩（あらゆる人々を教化し救済せんとする仏に次ぐ徳の高い修行者）の行願（行為と願い）」と言われている。良寛はこの「菩薩の行願」の一つである「同事行」を生涯つとめたのである。仏僧としての尊い菩薩行の実践であったのである。ただ子供が好きだからというだけで何時間も遊べるだろうか。二、三十年間も続けられるだろうか。いかに子供好きでもただそれだけで、老年にいたるまでこのようには決して出来ることではない。人々は最初子供たちと遊び戯れる良寛に驚きあきれ変人・奇人扱いにした。しかしやがてそれは親愛の念に変るのである。

ある春の日の托鉢中、農家の老百姓が良寛を見かけて、「いいところにきた。良寛さ、さあ一杯」と野辺にむしろをしき、桐の葉にささやかな肴を用意して、二人は楽しく酒を酌み交した。陶然（酔ってうっとりすること）となった良寛は畔を枕にして眠った。良寛はこれも詩にうたっている。この村老との交歓もまた「同事行」であった。良寛にはあらゆる人々を慈しんでやまぬ慈愛の心が燃えていたのである。そうしてこれらの行為は時がたつにつれて無言のうちに人々を感化していったのである。

甥・馬之助の改心
——良寛は桁外れの大徳であった

こんな話もある。ある秋の夜五合庵に泥棒が入った。しかし何一つ取るようなものはなく盗人はうろうろしていた。物音に目をさました良寛は何もない五合庵にやってきたその男が哀れになり、なにか盗ませてやりたいと思ったが何もない。そこでわざと身を反転して蒲団から体をはずしてそれを盗み取らせた。このとき良寛は次の句を詠んだ。

ぬす人に　取り残されし　窓の月

盗人は蒲団を取って行ったけれど、今夜の美しい月はとることが出来ない。自然を深く愛し自然と同化して生涯生きた良寛ならではの名吟である。

良寛はいたるところで子供に歓迎されたが、すずめからもなつかれた。托鉢の途中、神社やお寺の樹陰で休んでいると、いつとはなしにすずめの群がやってくるのが常であったという。そうしてそばにある鉢の中の米などをすずめたちは食べた。良寛はすずめにしたいようにさせた。時には良寛が手にもつ鉢の中にもはいりこんだ。良寛の慈心はすずめにも及んだのである。五合庵の便所の縁の下に生えた竹の子を、板をこわし天井を破って伸ばさせた話も知られている。

山本家の当主由之（良寛の弟）の息子・馬之助は若い頃、放蕩（酒色にふけり品行が修まらぬこと）が激しかった。そこで由之が良寛に来てもらい説教を頼んだ。しかし一日すぎ二日すぎ三日目になっても良寛は馬之助に少しも訓戒をしない。三日目、良寛はとうとう一言もいわず暇を告げた。帰り際、草鞋をはこうとした良寛は馬之助に紐を結ぶのを頼んだ。土間におりた馬之助は身をかがめて紐を結びにかかった。そのとき馬之助をじっと見詰める良寛の眼に涙が溢れ頬を伝って馬之助の手に滴り落ちた。馬之助ははっとして良寛を見上げた。良寛は涙をぬぐって立ち去った。それ以後、馬之助の放蕩はぷっつりとやんだ。全く無言の感化であった。

良寛は馬之助になぜ一言も訓戒しなかったのだろうか。言葉を尽して諭してもむつかしいと思ったのだろうか。何と言ってやったらよいのだろうかと思い悩むうちに三日が過ぎてしまった。馬之助を何とかして立ち直らせたい、しかしうまく口では言えない。馬之助を深く思う気持と一言もいえないわが身のもどかしさが涙となってあふれ出たのである。出てきたのは言葉ではなく涙であった。馬之助を愛してやまぬ思いが涙となったが、それは言葉以上の説得力があったのである。この話は良寛逸話中最も名高いが、その深い意味を明白に説いたのが名著『良寛禅師の真実相』を著した長谷川洋三氏である。

「この情景に接して、胸に熱いものを感じない者は恐らく一人もあるまい。それほど感動的であり、そのためこの逸話は人口に膾炙（広く伝わること）している。

　禅師（良寛）の涙がもし高所から見下して憐むような涙であったり、あるいは芝居がかった涙であったとしたら、馬之助は立ち直るどころか一層グレた（ひどくなること）であろう。だが事実はそうではなかった。禅師は同事行によって馬之助と自他一如（一体）となっていたのである。叱らず、諭さず、責めず、逆らわず、背かず、徹頭徹尾に自他一如になった時、両人の霊性（神性・仏性）の交流が行われた。すると禅師の仏徳（良寛の深い慈愛の心）が馬之助の全身心に流れて仏性（全ての人間に本来備わる仏の本性）が顕現する。一方、禅師の全身心の中に馬之助の悲しみと苦しみが流れ入り、禅師は馬之助の悲しみ・苦しみを自分のこととして、あたかも『衆生（人々）病むが故に仏病む』（『維摩経』）のように落涙する。

禅師の涙を見た時に馬之助が感じたものは、限りなく温かい愛と仏徳がすでに自分自身に入っていて、放蕩をしたくとも出来ない自分となってしまっていたことであっただろう」

「この同事行の作用をこまかく洞察すれば、真観・清浄観・広大智慧観・悲観・慈観という五観の過程をたどっているのである。馬之助の本性が仏性（仏のいのち）であると観ずるのが真観であり、彼を『非行』と結びつけることなく清浄なるものであると観ずることが清浄観であり、彼が法身仏（仏の本体身）の大生命の中で自分と一体の存在であると観ずることが広大智慧観であり、彼の苦しみを癒やしてあげたいと観ずることが悲観であり、喜びを与えてあげたいと観ずることが慈観である。禅師の仏徳はこの五観の作用を通して馬之助の身心へと流れ入り、その入我我入（仏が我の中に入り、我が仏の中に入ること。仏と我が一体となること。そして良寛が馬之助の中に入り、馬之助が良寛の中に入ること。良寛と馬之助が一体になること）によって馬之助の『改悛』（改心すること）が成就したのであった」

この名文を繰り返し味わってほしい。ここに仏教者としての良寛の道徳が桁外れに高く、良寛の真面目、並はずれた偉大さが輝いていたことを長谷川氏は力説している。これまで多くの人々（ことに宗教者、知識人）は、良寛は「書と詩歌は一級品だが、宗教的には見るべきものがない」「ほのぼのとした温かさはあるが物足りない」と見なしてきたが、それは全く無知ゆえの「精神的嵩下げ」であったのである。良寛はとてつもない稀有の仏僧であったのだが、これまでその真価がすっぽり蔽い隠されてきたのである。また良寛自身決してそのようなそぶりを示さなかった。高い所に立ち人々を見下して説教したわけでもなく、ひたすら托鉢行に徹して誠実に頑愚一筋に生きたのである。仏僧として真実一路を貫いた古今に稀な大聖高徳だったが、それに深く気づいた人はこれまで長谷川氏のほかほとんどいなかったのである。

無言の感化力

本来、僧侶は仏の教えを語り人々を教化し救済するのがつとめである。ところが良寛はお寺を持たないから寺で説法することはない。あちこち托鉢には出かけるけれど、人を集めて説教することは全くなかった。それでも多くの人々を感化し教化して、今日の人々にも計り知れない影響を与えてきたのである。こうした良寛の「無言の感化力」につき、解良栄重の記した「良寛禅師奇話」はことに貴重な記録である。解良家は国上村牧花の庄屋（一村の長）で栄重の父と良寛は親交があった。栄重は青年時代に接した良寛の忘れがたい思い出を後年文章にして残した。

「師、常に黙々として動作閑雅（ゆとりがあり優雅で上品なこと）にして余り有るが如し。心広ければ体ゆたかなりとはこのことならん」

「師、音吐朗暢（明るくのびやか）、読経の声心耳に徹す。聞く者自ら信を起す」

「師、平生喜怒の色を見ず（喜怒哀楽の感情を抑えてみだりにあらわさない）、疾言（早口）するを聞かず。その飲食・起居おもむろにして（ゆったりとして）愚なるが如し」

「師、常に酒を好む。しかりといえども量を超えて酔狂に至るを見ず」

「手まりをつき、はじきをし、若菜を摘み、里の子供とともに群れて遊ぶ。地蔵堂の駅を過ぎれば、児輩必ず追随して、『良寛さま、一貫』という。師、驚きて後ろへそる。また『二貫』といえばまたそる。二貫三貫とその数を増していいえば、ややそりかえりて後ろへ倒れんとす。児童これを見て喜び笑う」

この「一貫遊び」のことの起りは、地蔵堂のある町でせり市が立った時、売り手と買い手が大声を上げて、一貫（一千文のこと・六千文が一両）、二貫と品物をせり合う激しさに、見物していた良寛が思わずあきれて体を後ろにそらしたのを子供らに見られたのが始まりである。子供らが「良寛さ、一貫」というと、良寛

子供たちと遊ぶ良寛像（新潟県燕市・朝日山展望台：燕市観光協会提供）

は驚いたように道化た格好でグイと上半身を後ろにのけぞらす。子供らはすかさず、「良寛さ、二貫」と声を上げる。良寛は一層、身をそらす。「良寛さ、三貫」「四貫」と数を増すにつれて仰向けにのけぞり最後は倒れかかる。子供らは、「わあい」と喜ぶのである。

「師、至る里ごとに児輩多く群をなして戯れをなす。いずれの里にや、師、児童と遊び、よく死者の体をなし路傍に臥す。児童あるいは草を掩い、木の葉を覆うて、葬りの体になして笑いたのしむ」

　良寛は子供たちとの遊びにつかれ飽きると、ばったり倒れて死んだ真似をしてしばらく休む。すると、子供らは面白がって草や木の葉で良寛の体を覆う。これが「葬式遊び」といわれた。良寛は「一貫遊び」や「葬式遊び」を長年延々とやり続けたが、これまた「同事行」であった。

「中元前後（夏季）、郷俗（その地方の習俗）通宵（終夜）おどり（盆踊り）をなす。すべて狂えるごとし。師これを好む。手巾（手ぬぐい）を以て頭を包み、婦人の状をなし、衆と共におどる」

盆踊りは手毬とともに良寛の大好きなことの一つであった。

「師、余（私）が家に信宿（二日泊り）を重ぬ。上下自ら和睦し、和気家に充ち、帰り去るといえども、数日の内、人自ら和す。師と語ること一夕すれば（少しの間、良寛と語り合うと）、胸襟（心のうち）清きことを覚ゆ。師、更に内外の経文（仏典）を説き善を勧むるにも非ず。あるいは厨下（台所のあたり）につきて火を焼き、あるいは正堂（座敷）に坐禅す。其語（語る言葉）詩文にわたらず、道義（人の踏むべき正しい道）に及ばず。優游（ゆったりと落ちついてのびやかなさま）として名状すべきことなし。只道義の人を化するのみ（道義心の高い良寛の人格そのものが解良家の人々を感化したという意味）」

良寛が解良家に二、三日いると、家族がみな睦み和らぎ、和気が家中に満ち、良寛が立ち去っても数日の間、この状態が続くというのだ。良寛は仏の道、人の道を説いたり、好きな和歌や漢詩について講釈するわけでもない。ただ時に坐禅し、解良家心尽しの料理を賞味し、家族たちと時々楽しく言葉を交すだけでゆったりとのびやかにしているだけなのだが、良寛のえもいわれぬ道徳的人格とその雰囲気が自然のうちに大きな感化を及ぼしているという意味である。

「師、神気（精神・気力）内に充ちて秀発す（すぐれた神気がおのずから表に光り輝くこと）。その形容（姿・形）神仙（人間界・俗界から離れた仙人、高貴さをたたえた神人）の如し。長大にして清癯（背が高く痩せているが清らかな姿）、隆準（鼻が高いこと）にして鳳眼（まなじりが深い貴相）、温良にして厳正、一点香火の気（抹香臭さ・坊さん臭さ）なし。余（私）牆（垣根）高くして宮室の美を見ることなし（良寛の外貌・外見に接して極めてすぐれた人物であることはおぼろ気にわかるが、その真の偉大さ、素晴らしさは未熟な私には到底理解できることではない）。今その形状（良寛の人物・姿）を追想するに当、今似たる人を見ず（良寛に似た立派な人物を見ることはできない）」

　長谷川洋三氏はこうのべている。

「一人の有徳の僧の真実体を簡潔に余すことなく完璧に言い尽した内面的美文であって技術や器用さで書ける文ではない。（良寛の）仏徳に接した時、（栄重の）仏性が喚びさまされて、禅師の真実体を会取（会って受け取めること）してしまったのだろう。そして自分でも想像すら出来なかった表現力が迸り出たのであろう。禅師の仏徳に照らされて平凡な一青年までが法界心（仏心）へと導かれ、その仏徳を信解（深く信じ理解すること）し、普通なら不可能な描写が可能になったのである」

二十歳前後の解良栄重には、良寛の真の偉大さは到底わからなかった。垣根の奥には壮麗な宮殿があることは想像しうるが、それがいかに壮大で美しいか知ることはできないのである。しかし良寛の名状につくしがたい偉さ、すごさは肌で心で実感できたからこの文を綴り、良寛の真面目の片鱗並びに無言の感化力を活写し得たのであった。

人々が良寛をいかに敬愛したか

良寛は人々を深く慈しみ愛しんだ。その人々は托鉢で尋ねる一軒一軒の名も知らぬ庶民たちであり、あちこちの子供たちである。良寛は人里離れた五合庵で一人で暮したが、決して孤独の人でもなければいわんや人間嫌いの隠者ではなかった。切に人を愛し人を恋し人をなつかしがる人だった。でなければ三十年間、子供と遊び戯れたりはしない。それほど人を恋し愛したから、実に多くの人々から親しまれ愛され敬慕されたのである。

良寛が越後で托鉢を始めて三年、五年とたつにつれ、良寛がみすぼらしいただの「寺なし乞食僧」ではなく、深くはわからないけれどもどうやら大変なお坊さんらしいと気づいたのが、庄屋たちである。庄屋たちはみなそこそこの学問、教養の持主だから、良寛が立派な人柄に加えすぐれた詩歌を詠み、美しい書を書くことに驚嘆した。またこの地方にいる少数の学者・知識人も良寛の素晴らしい文芸的芸術的才能に目を見張った。また十代のとき大森子陽の塾にいた一、二の学友らは元々良寛の秀才ぶりを知っていたから、良寛が戻ってきてから親しくつき合った。

良寛に惚れこみ厚い親愛の念を寄せる庄屋たちは、良寛を自宅に招くことを何よりの悦びとした。解良栄重の回想にあるように、一日でも二日でも良寛とともにいて言葉を交すことが楽しく嬉しいのである。良寛はふだん質素そのものの食生活である。托鉢における人々の喜捨を受けて食べているのだから、五合庵には食べ物が乏しく何もない時もある。だから庄屋たちは良寛を招いたとき心をこめてもてなし、良寛の好きな酒も出す。良寛はその厚意を有難く心から感謝して頂いた。そうして庄屋たちは良寛に歌や詩を書いてもらうのである。これがまた一つの楽しみである。それらの素晴らしい書は現在も家宝として彼らの家に残されている。冬は三ヵ月ほど托鉢には出られないから、食べ物が乏しくなる。庄屋たちは良寛を困窮させてはならないと米や味噌などを送り届けた。

　良寛と特に親しくした庄屋は阿部家、解良家、木村家で後に「良寛御三家」と呼ばれた。ことに親交を結んだのが五合庵に最も近い庄屋の阿部定珍である。阿部は詩歌にすぐれたこの地方有数の教養人で、良寛より二十歳以上年下だった。二人は互いの住まいを往き来して歌を詠み交した。阿部家は造り酒屋でもあったから、定珍は必ず酒を持参して二人は楽しく飲みかつ語り合った。二人がいかに睦み合ったかは良寛の次の歌に明らかである。

さすたけの　君がすすむる　うま酒に

われ酔ひにけり　そのうま酒に

※さすたけ＝君にかかる枕詞。　酔ふ＝よう。

月よみの　光を待ちて　帰りませ
　山路は栗の　毬の多きに

夜がふけて帰ろうとする阿部を、まあまあ、もう少し月が出てからにしたらとひきとめて歓談したのである。

良寛の内省の深さ――慎しみと「戒語」「愛語」

良寛は誠実で純朴で天真爛漫であった。同時に慎み深く謙虚でいかなるときも自己を抑え感情を荒立てることはなかった。人を責めることなく逆に自らを省みた。高徳の人物の特徴がこの反省心の深さである。良寛が日常の生活で最も心がけたことは、言葉の使い方である。良寛は人間にとり言葉がいかに大切か、人間生活の根本は結局言葉であることを知っていた。良寛は言葉を慎むことが何より重要であるかにつき、「戒語（かいご）」を書き残している。主要なものを掲げよう。

ことばの多き。はやこと（早口）。すじなき長話。はてしなき長話。口上（こうじょう）のながき。無駄口。悪口。自慢話。手柄（てがら）話。さしで口。へらず口。人をあなどること。人にへつらうこと。おれがこうしたこうしたと言う。鼻であしらう。おのが意地（いじ）を言い通す。ものいいのくどさ。腹たちながら人にことわり（理屈）言う。あわただしくものいう。ことごとしくものいう。からことば（漢字）を好みて使う（今日流でいうと横文字をやたらに使うこと）。もの知り顔の話。親切げにものいう。知らぬ道のことを知ったげにいう。あやまちを飾（かざ）る。憎き心を持ちて人を叱（しか）る。学者くさき話。さとりくさき話。かしましくものいう。けたたましくものいう。たまげたまげにものいう。おしつけたげにものいう。ゆきすぎたことをいう。身（み）に応ぜぬことをいう。話の腰を折る。人のもの言いきらぬうちにものいう。問わず語り。ことぐる（繰返す）。ひょうり口（嘲笑する言い方）。ときところにあわぬ言葉。酔うてことわりをいう。人の言葉を笑う。かえらぬことをくどくど口説く。たやすく約束する。かるはずみにものをいう。しもべ（下の者）を使うにことばの荒けなき（荒っぽくない）こと。しもべのさた（下品なこと）。すべて言葉は惜しみ惜しみ言うべし。

良寛がいかに言葉を重んじ慎んだかがわかる。言葉を慎み、惜しみ、冗語（無駄な言葉）や下品な言葉を戒めることにこれほど心を用いた人は少ない。「戒語」を読むとき、私たちの日常の言葉遣いに反省させられない人はいないだろう。「戒語」は今日の私たちすべてに与えられた金言である。

「戒語」がある一方、良寛が重んじ好んだのは、「愛語」である。愛語とは「衆生（人間その他一切の生物）を見るに、まず慈愛の心をおこし顧愛（深く愛すること）の言語を施す」ことである。「愛語は愛心よりおこる」といったのが道元である。良寛は祖師道元の教えを肝に銘じて生涯つとめたのである。

3、稀有の仏教者――空海以後の第一人

良寛の深い悟り

仏僧として良寛は深い悟りを得ていたが、それがこれまで明らかにされてこなかった。ほとんどの人は、良寛が温良で心やさしく子供らを愛し、すぐれた詩歌を詠み書を書いたお坊さんかもしれないが、一宗一派を開いた名だたる高僧とは到底比較にならぬ「寺なし坊主」「乞食僧」と見てきたのである。長谷川氏が言うように良寛は「精神的嵩下げ」をされ、子供と遊ぶ良寛の姿は「むしろ良

寛像をいわれなく小さくしている」のである。長谷川氏はさらにこうのべている。
「禅師が住職になることもないのに、貧しい農民から慕われ、子供等から追随され、裕福な地主から生活の資を与えられたのは、その高い仏徳力（仏性を会得した良寛の高い徳の力）故以外の何物でもない」

良寛が真の悟りを得ていたことを示す証がその漢詩である。良寛はわが国第一の漢詩人でもあったが、そのすぐれた詩に良寛の悟境（悟りの境地）が包むことなく明示されている。

休問崑岡兼合浦
明珠唯在吾方寸
光蔽日月超方隅
彩射眼睛難正視
失之永劫淪苦海
得之登時游彼岸

問うを休めよ　崑岡と合浦とを
明珠は唯　吾が方寸に在り
光は日月を蔽いて方隅を超え
彩は眼睛を射て正視し難し
之を失えば永劫苦海に淪み
之を得れば登時彼岸に游ぶ

我今殷勤呈示也
不奈諸人不敢薦

我今殷勤に也を呈示するも
諸人の敢て薦らざるを奈ともせず

※**崑岡・合浦**＝シナの宝石のとれる所。　**明珠**＝明るく輝く玉、自己の内にある本性、仏性のこと。　**方寸**＝心。　**光**＝仏の光。　**蔽う**＝広く包む。　**方隅**＝世界の隅々。　**彩**＝仏の光。　**眼睛**＝ひとみ。　**これ**＝明珠。　**永劫**＝永遠。　**苦海**＝苦しみの世界。　**淪む**＝沈む。　**登時**＝すぐに。　**彼岸**＝仏の世界、悟りの世界。　**殷勤**＝ていねい。　**呈示**＝提示、さし出して見せること。　**薦る**＝取る。

この詩の眼目は「明珠」である。明珠とは全ての人間の本質であり、仏の心（仏性）であり神の心（神性）である。自分自身の心の中にある明るく輝く玉の光は太陽や月の光の比ではない明るさをもってこの世界を照らし、この宇宙に充ち満ちている。この明珠すなわち仏性・仏心こそ本当の自分であり、それが本来わが内に備わっていることを知らねばならない。明珠は「衣裡の明珠」ともいう。衣裡はわが衣服の中という意味。わがうちに光り輝く仏性・仏心が宿っているのに、そのことに気づかない人々が多いことを嘆いた詩である。良寛が真にわが内なる仏性を深く自覚していたからこの詩があるのである。

迷悟相依成　　迷悟　相依りて成り
理事是一般　　理事　是れ一般
竟日無字経　　竟日　無字の経
終夜不修禅　　終夜　不修の禅
鶯囀垂楊岸　　鶯は囀る　垂楊の岸
犬吠夜月村　　犬は吠ゆ　夜月の村
更無法当情　　更に法の情に当たる無く
那有心可伝　　那ぞ心の伝う可き有らん

※迷悟＝迷いと悟り。　**相依りて成る**＝別々でなく一体である。迷いがあるからそこから悟りが得られる。　**理事**＝普遍的真理と現象・事物。　**一般**＝同一。　**竟日**＝終日。　**無字の経**＝文字によらない経文・教え。　**終夜**＝一晩中。　**不修の**

禅＝坐らない坐禅。　**鸚の句・犬の句**＝ともに自然の声でありそれは仏の説法。**垂楊**＝枝垂れ柳。　**法の情に当るなし**＝仏法と天地自然のありさま・情景は決して矛盾せず一体である。　**なんぞ心……**＝このように自然の情景は仏法を語っている。従って私には人に伝えるべきものがない。みな無字の経と不修の禅が人々に教えている。

実に深い悟境をのべている。この詩の眼目は、「無字の経」「不修の禅」「法の情に当るなし」である。良寛は、天地自然のすがた（情）は仏法（仏の心、日本的にいうと神の命）の表現そのものであり、それを「無字の経」「不修の禅」と言っている。良寛は天地自然の万物一切が、神の命、仏の命の表現であるとする実に日本人らしい神道的な自然観・生命観・世界観の持主であった。これを仏教では「山川草木国土悉皆成仏（天地自然の万物は仏の命の成れるもの）」というが、良寛は天地自然と深く融合一体化した稀有の僧侶であった。

芳草萋萋春将暮　芳草萋々　春将に暮れんとし
桃花乱点水悠悠　桃花乱点　水悠々たり
我亦従来亡機者　我も亦従来　亡機の者なれども
悩乱風光殊未休　風光に悩乱して殊に未だ休せず

※芳草＝かぐわしい草花。　萋々＝草木が繁ること。　乱点＝あちこちに乱れ咲く。
悠々＝ゆったりしたさま。　従来＝もとから。　亡機＝無心、無為のこころ。執着なき悟りの心。　亡機の者＝出家者・僧侶。　風光＝自然の景色。　悩乱＝心が強くひかれる、奪われる。　休せず＝心のとどまるところを知らない。

出家した僧侶、あるいは無心の悟りの境地に達した者は、美しい自然の情景にふれて心が強く動かされ「悩乱」してはいけないのであろうか。従来、出家者・僧侶は世俗のことに執着し、外界のことに心を捉れてはならず、超然（かけはなれていること）としてひたすら仏道に励まなければならないとされている。自然の情景、月花の美しさなどに心を奪われては修行が疎かになるからである。

ところが良寛はそうではないと言うのだ。真の悟道者だからこそ天地自然と融合・一体化して桃花の美を限りなく賞で得るとうたうのである。ここまで天地自然の風光と一体となりえた僧はほとんどなく他に空海と西行があるくらいである。これは最高の良寛詩の一つである。このような詩は詩聖とされた李白や杜甫にも作ることはできなかった。

托鉢行を使命として生涯を貫いた良寛

「宿なし坊主」「乞食坊主」といわれた良寛が、寺の住職とならず生涯托鉢行を貫いたのはなぜであろうか。この時代、托鉢だけで生活できる僧侶はいないのである。釈迦以来、托鉢行が仏道の正しいあり方であり、托鉢行により食を受けることが僧侶本来の務めとされてきた。しかし時代がたつにつれそれがむつかしくなり、仏教がシナに伝わると消滅し、わが国においても僧侶の修行の一つとして托鉢行はあったが、一生托鉢一つで生活するという習慣はなかった。

しかし良寛は遙か昔にすたれてしまった仏祖釈迦が実践した仏教の根幹である托鉢行に命をかけて生涯やり抜いたのである。こうのべている。

「それ仏家（仏僧）の風標（目標・目的）は乞食（托鉢）を活計（生計を立てること、生活すること）となす。食を受くるは仏家の命脈（最も大切なこと。仏僧及び仏道の命をつなぐのが托鉢との意）なり」

わが国に仏教が伝わってから千年以上誰一人として為しえなかった托鉢行を一生やり通すという不退転の覚悟であったのである。良寛は実に日本仏教における空前絶後といってよい唯一人の仏僧であった。偉いという言葉では言い尽せない仏僧であったのである。

托鉢行とは何か。托鉢とは僧侶が家々をたずね歩き食を乞う（「乞食」という）ことである。それがなぜ仏教・仏道の根幹なのか。人々にお米などの食物をただで提供させるのは、人々に喜捨（喜んで僧に金品を施すこと）という行為を通して、人々の心の中にある慈悲の心、愛の心、深い思いやりの心をよび起させることにある。つまり全ての人間に本来備わっている仏性・仏心をよび醒まし、人々の福田（人々に施しをするその慈愛の心が、田に穀物を産するようにその人を幸福に導くもととなるもの）を耕すことが托鉢行の目的である。

良寛の真実の姿を知らない人は、良寛は僧侶らしい仕事（説法とか葬式・法要）もせず子供と遊び暮した「乞食僧」「宿なし坊主」でしかなかったが、人々の福田を耕すという仏僧としての最も根本的な仏道たる托鉢を、終生怠ることなく努めた真の仏教者であったのである。生涯、托鉢行に徹した良寛の心豊かな深い悦びのあふれた詩がこれである。

八月初一日
托鉢入市鄽
千門平坦開
万戸斜炊烟
宿雨浄道路
秋風吹金環

八月初一日
托鉢して市鄽に入る
千門　平坦に開き
万戸　炊烟斜めなり
宿雨　道路を浄め
秋風　金環を吹く

善男與善女　　善男と善女と
箇箇争結縁　　箇々に争うて結縁す
随後咒願去　　後に随って咒願し去り
財法二施円　　財法二施　円かなり
次第乞食去　　次第に食を乞い去り
法界廓無辺　　法界　廓として無辺なり

※八月＝旧暦、秋に入る。　市廛＝市街。　千門〜開き＝夜明けとともにどこの家も門を開ける。　炊烟＝炊煙。　宿雨＝昨夜の雨。　金環＝良寛が手にする錫杖の金環。　箇々に……結縁す＝人々が競って戸毎に出てきて食物などを喜捨してくれ、良寛と善男善女との良縁が結ばれる。　咒願＝人々が喜捨してくれた後に良寛が唱える言葉、お経。　財法二施……＝ここに財施（人々の喜捨）と法施（良寛の托鉢行）の両布施が成就する。　法界＝仏の世界。　廓として……＝限りなく広く大きい。

托鉢行の価値につきこれほどの詩を作った僧はいない。この詩は、良寛が托鉢行のこの上ない尊さ、無限の深さを体得していた真の悟道者であり、良寛の真面目を表している気高く美しい最高の詩の一つである。「財法二施円かなり」の句と「法界廓として無辺なり」の結句がこの詩の核心である。僧侶の第一の任務は自他の福田を耕す托鉢行であったが、良寛は比類なき頑愚（頑固・愚直）を貫いて生涯これを実践した大徳でありわが国至上の仏僧の一人であり、空海以後の第一人であったのである。

良寛の人格・悟境の風光である詩

良寛は以上の詩のほかにすぐれた詩が数多くある。稀有の宗教者である良寛の高貴・純真・温雅な人格と深い悟境の最も洗練された表現が詩並びに和歌である。長谷川氏は「詩歌こそ良寛禅師の悟境の風光（ながめ・景色・品格・人柄を表わすもの）」とのべている。

頑愚信無比
草木以為隣
懶問迷悟岐
自笑老朽身
褰脛間渉水
携嚢行歩春
聊可保此生
非敢厭世塵

頑愚(がんぐ)　信(まこと)に比(ひ)無(な)し
草木(そうもく)　以(もっ)て隣(となり)と為(な)す
問(と)うに懶(ものう)し　迷悟(めいご)の岐(き)
自(みずか)ら笑(わら)う　老朽(ろうきゅう)の身(み)
脛(すね)を褰(かか)げて間(しず)かに水(みず)を渉(わた)り
嚢(ふくろ)を携(たずさ)えて行(ゆくゆ)く春(はる)に歩(ほ)す
聊(いささ)かこの生(せい)を保(たも)つ可(べ)し
敢(あ)えて世塵(せじん)を厭(いと)うに非(あら)ず

※**頑愚**＝頑固・愚直。謙遜でも自嘲(じちょう)でもない。仏僧として托鉢行に不退転の覚悟でつとめていること。それゆえ「信に比（類）無し」というのである。　**草木…**＝天地自然と一体となった生活。　**懶し**＝気が進まない。どうでもよい。　**迷悟の岐**＝迷いと悟りの分れ道。　**老朽**＝老衰。　**脛をかかげ**＝裾(すそ)をつまみあげて。　**嚢**＝頭陀袋(ずだぶくろ)。　**聊か**＝わずかばかり。　**世塵**＝世の中、世間。　**厭う**＝嫌う。

良寛は自分のことを「大愚」と称し、また「痴頑」とか「頑愚」と言っている。誰もやらぬ、できない托鉢行を終生実践したから、「頑愚、信に比(類)無し」である。そうして仏僧がやかましく論ずる迷いとか悟りを超越し、自然に没入し自然と融合して草木を友として生きた。しかし決して世間を避け厭う隠者ではなかった。日々の生活はささやかそのものだったが、人々に接して仏僧の第一義たる托鉢行につとめた。仏道・托鉢行に励む不動の心をうたった名詩である。

孤拙兼疎慵　　孤拙　疎慵を兼ね
我非出世機　　我は出世の機に非ず
一鉢到処携　　一鉢　到る処に携え
布囊也相宜　　布囊　也相宜し
時来寺門傍　　時に寺門の傍に来りて
偶与児童期　　偶ま児童と期す

生涯何処似　　生涯何に似たる所ぞ
騰騰且過時　　騰々として且つ時を過ごす

※孤拙＝寺をもたず一人で乞食僧として生活していること。疎慵＝なまけ者。世間からはそう見える。出世の機＝僧侶として高い地位をうること。一鉢＝鉢の子、器。布嚢＝頭陀袋。期す＝会う。騰々＝ふるいおこるさま。とらわれることなく自然なさま。ゆったりしたさま。寛やかさ。

世間から見るなら、良寛は世渡りの下手な寺ひとつ持てない乞食僧である。いつも托鉢に出かけて、行く先々で子供たちと遊び戯れる。このような良寛の生涯は誰にも似ていない。しかし自分はなにものにもとらわれることなく、仏教者本来の托鉢行をかたくいちずに守って努めるだけだ。それでよいのだ。自分の生き方を強く肯定した詩である。良寛は「騰々」の言葉を特に好んだが、「騰々」こそ良寛の人物と生き方をさし示している。騰の本来の意味は勇んだ馬が奮い立つさまである。良寛は寺なし坊主として越後に帰り誰もかえりみない托鉢行に、大勇猛心を奮い起して実践した古今独歩といってよい仏教者であったのである。

静夜草庵裏　　静夜　草庵の裏
独奏没絃琴　　独り奏す没絃琴
調入風雲絶　　調は風雲に入りて絶え
声和流水深　　声は流水に和して深し
洋洋盈幽壑　　洋々として幽壑に盈ち
颯颯度長林　　颯々として長林に度る
自非耳聾漢　　耳聾の漢に非ざる自りは
誰聞希声音　　誰か聞かん希声の音

※**草庵**＝五合庵。　**没絃琴**＝絃の張ってない琴。　**幽壑**＝奥深い谷。　**颯々**＝風が軽やかに吹くこと。　**長林**＝長く続く林。　**耳聾**＝耳が聞こえないこと。　**漢**＝人。　**希声**＝かすかな声。

没絃琴（もつげんきん）とは仏の教えのたとえである。それはあたかも絃のない琴から鳴り響く妙（たえ）なる音楽・調べである。それは風雲に入り、流水と調和し、洋々として渓谷（けいこく）に満ち、颯々（さつさつ）として山林をわたる。日本仏教の大切な教えの一つは、「山川草木国土悉皆成仏（さんせんそうもくこくどしっかいじょうぶつ）（天地自然の万物一切はことごとくみな仏の命の成れるもの）」である。風雲、流水、渓谷、山林など全てに仏の命が満ちている。しかしその妙（たえ）なる音は、普通の音が聞こえない人（世間のつまらぬことには耳を傾けない人という意味）しか聞きとることが出来ない。仏のかすかな音をしっかりと聴（き）いた良寛の深い悟境（ごきょう）を詠んだもの。代表詩の一つである。

五合庵
良寛 40 歳の頃から約 20 年間
過ごした庵
（燕市観光協会提供）

乙子神社草庵
文化 13 年（1816）から約 10 年間
（良寛芸術の最も円熟したとき）、
五合庵より下に位置する乙子（おとご）神社内
の草庵で過ごす。
（燕市観光協会提供）

生涯懶立身
騰騰任天真
嚢中三升米
炉辺一束薪
誰問迷悟跡
何知名利塵
夜雨草庵裏
双脚等閒伸

生涯（しょうがい）　身（み）を立（た）つるに懶（ものう）く
騰々（とうとう）　天真（てんしん）に任（まか）す
嚢中（のうちゅう）　三升（じょう）の米（こめ）
炉辺（ろへん）　一束（いっそく）の薪（たきぎ）
誰（たれ）か問（と）わん迷悟（めいご）の跡（あと）
何（なん）ぞ知（し）らん名利（みょうり）の塵（ちり）
夜雨（やう）　草庵（そうあん）の裏（うち）
双脚（そうきゃく）　等閒（とうかん）に伸（の）ばす

※**身を立つ**＝僧侶として出世し高い地位につく。**懶く**＝うとましい。**騰々**＝何ものにもとらわれずゆったりした自在なさま。**天真**＝宇宙の本体、天真仏（てんしんぶつ）。それは全ての人々に内在している仏のいのち、仏性。**任す**＝天真仏と一体となって生きる。天真仏に自己をゆだねること、全託（ぜんたく）すること。**嚢中**＝頭陀袋（ずだぶくろ）。**迷悟**＝迷いと悟り。誰が一体、悟りとか迷いとか問うのか。私には関係ないこと

だ。**名利**＝名誉・名声・地位・利益。**塵**＝私利私欲。私は名利の世界のことを知らない。**等間に伸ばす**＝天真に任す大安心のもとに両足を並べて伸ばしゆったりとくつろぐ。

天真仏に身をまかせきり無欲知足の大安心の境地をうたったもの。詩の眼目は「騰々天真に任す」である。それは日本的にいうと「神ながらのまことの道」の生き方にほかならない。良寛の数ある名詩の中で最もよく知られた代表詩の一つである。

以上、良寛の代表的な名詩をとり上げた。良寛の詩の際立った特徴は、高い宗教性と道徳性、人々への深い慈愛、人間と自然との融合一体を主として、それが清らかで美しく瑞々しい情感をもってうたわれている。『良寛全詩集』を編纂した谷川敏朗氏は、「良寛は李白・杜甫と並び称されるべき最高の詩人」と讃嘆しているが決して過褒(ほめすぎ)ではない。良寛は李白・杜甫が到底至りえなかった高い境地を詩に表現しえた古今随一の大詩人であったのである。

4、人格・宗教・芸術の渾然一体
——良寛の人格の表現たる詩歌と書

書聖・良寛

良寛が李白(りはく)・杜甫(とほ)をしのぐわが国随一の漢詩人であることをのべたが、書においても古今独歩(ここんどっぽ)の人物であった。

シナで書聖(しょせい)といわれたのは王羲之(おうぎし)であり、わが国では空海(くうかい)である。ところが良寛が出現してから、良寛は空海とともに日本の二大書聖とされている。空海以上と見る人も少なくなく、今や良寛は「日本書道史の到達点、日本美の極致」とまで絶賛されている。人気は空海を遙かにしのぐ。良寛研究の草分けで名著『大愚良寛』を著した相馬御風はこうのべている。

「良寛その人の芸術の渾成（大きく立派に完成すること）は彼の人格の渾成を俟って初めてなされた。彼の芸術の貴い所以は、それが真に彼自らの身を以てなされた点にある。生活そのものの表現として自ら創造された点にある。

良寛の書は実に彼の歌や詩と同じく、良寛その人の表現である。良寛の書くらい筆者その人の気分や感情の表現された書は殆どない。最も厳密な意味で書の芸術味を発揮し得た点で、良寛はおそらく古今独歩の称に恥じないであろう」

そのほかの絶讃の言葉を並べよう。

「前に前なき後に後なし（空前絶後の意）、曠古（未曾有）以来の一人（第一人者）なり」

「人間が書いたようには思えないほどに幽遠（奥深いこと）かつ雄勁（雄々しく力強いこと）な線質で、余韻（あとに残る味わい、雰囲気、余情）が嫋々（長く続くさま）と書幅（文字の書いてある掛け物）に漂っている『神品の書』」

「我々凡人ではいかにしても現われ得ない高度の精神からのみ生まれる美である」

空海も脱帽するしかない諸家のこの上ない賛嘆ぶりである。良寛は楷書・行書・草書いずれも名品・神品を残した。それらは後世に永遠に伝えられるべき「国宝」である。

良寛が古今独歩といわれる書を残し得たのは、その人格とともにたゆまざる練習・努力による。五合庵の机の上にある紙はいつも全て真っ黒で、「皆黒きこと漆のごとし」であった。良寛は托鉢の途中でも砂の上に書いたり、空中に書いたりして練習し時のたつのを忘れたという。人から上達法を聞かれると、ひたすら手を動かして練習せよと教えている。良寛は努力の天才だったのである。

和歌——天地自然と人間との一体和合を謳った良寛の神道的心情

詩・書とともに良寛が心をこめて詠んだのが和歌である。詩は約五百首、和歌は千三百余首で和歌のほうが多い。良寛が和歌に注いだ情熱は詩に劣らず、名歌は数多い。既出以外の代表的な歌を掲げよう。

この里に　手まりつきつつ　子供らと
　遊ぶ春日は　暮れずともよし

霞立つ　永き春日を　子供らと
　手毬つきつつ　この日暮らしつ

飯乞ふと　わが来しかども　春の野に
　菫摘みつつ　時を経にけり

※托鉢に出かけたのに春の野の美しさに心を奪われてしまう良寛

道の辺に　菫摘みつつ　鉢の子を

忘（わす）れてぞ来（こ）し　憐（あは(わ)）れ鉢（はち）の子（こ）

※菫摘みに夢中になり大切な鉢の子（托鉢の時喜捨してもらうお米などを入れる器）を置き忘れたりした。後でお百姓が届けてくれた。

むらぎもの　心楽（こころたの）しも　春の日に
　鳥のむらがり　遊ぶを見れば

※むらぎも＝心にかかる枕詞。すずめが慕い寄ってくる良寛は生きとし生けるものを愛した。

草の庵（いほ(お)）に　足さしのべて　小山田（を(お)やまだ）の
　山田のかはづ（わず）　聞くがたのしさ

あしひきの　岩間（いは(わ)ま）をつたふ（う）　苔水（こけみづ(ず)）の
　かすかにわれは　すみわたるかも

※あしひき＝岩・山にかかる枕詞。　すみ＝住みと澄みをかけている。良寛は「耳の人」でもあった。五合庵で常に天地自然万物の声・音を聴き万物と一体となっていた。良寛の代表歌とされている。

あしひきの　黒坂山(くろさかやま)の　木(こ)の間(ま)より
洩(も)り来(く)る月(つき)の　影(かげ)のさやけさ

いざ歌へ(え)　われ立(た)ち舞(ま)はむ(わ)(ん)　ひさかたの
こよひ(い)の月に　寝(い)ねらるべしや
※ひさかたの＝月にかかる枕詞

風はきよし　月はさやけし　いざともに
をどり(お)明(あ)かさむ(ん)　老(おい)のなごりに
※良寛は盆踊りが大好きだった

むらぎもの　心はなぎぬ　永き日に
　これのみ園の　林を見れば

※むらぎもの＝心にかかる枕詞。親友阿部定珍家の庭園で心が癒やされる良寛。

ゆくりなく　われ来にけらし　春の野に
　若菜つみつつ　君が家辺に

※ゆくりなく＝思いがけず、偶然に

鉢の子に　菫たほぽぽ　こきまぜて
　三世の仏に　たてまつりてな

※三世の仏＝過去・現在・未来、永遠に生きている仏。菫、たんぽぽの草花も仏の命だから、それらを仏に捧げるのである。

草の庵に　寝てもさめても　申すこと
　南無阿弥陀仏　南無阿弥陀仏

※一宗一派のわくから抜け出していた良寛は、平然と浄土宗・浄土真宗で唱える「南無阿弥陀仏」を称えた。良寛は万教帰一的な宗教観をもつ温かい包容力の持主であった。

愚かなる　身こそなかなか　うれしけれ
　弥陀の誓ひに　会ふと思へば

※弥陀の誓い＝阿弥陀仏の一切の衆生（人間その他）を救いとるという本願

あは雪の　中に顕ちたる　三千大世界
　またその中に　沫雪ぞ降る

※三千大世界＝大宇宙の仏教的表現。春の雪が降る大空に白い清らかな大宇宙が出現している。その大宇宙の中にとけやすい雪が小止みなく降っている。つまり雪

降る中に宇宙があり、宇宙の中に雪が降る。神・仏の命の表現としての天地自然、森羅万象を美しく詠み上げた。情と景色が一体となった名歌。

形見とて　何かのこさむ（ん）　春は花
　夏ほととぎす　秋はもみぢ葉

※**形見**＝なくなった後の思い出の品々。良寛の辞世の名歌。ほとんど無一物の良寛には形見として残すようなものは何もない。しかし良寛と融合・一体化した美しい自然（花・ほととぎすの声・秋の紅葉）が、自分の形見ですよという歌意。

祈らずも　神や守らむ（ん）　ゆがみなく
　ただ正直を　写す御鏡

※祈らなくても心の正しい人は神は守ってくれるだろう。神のしるしである御鏡はゆがむことなく正しく物を写している。菅原道真の「心だにまことの道にかなひ（い）なば祈らずとても神や守らむ（ん）」と同じ意味である。

古の　人の踏みけむ　古道は
　荒れにけるかも　行く人なしに
※古道＝日本古来の道・教え・生き方つまり神道

いそのかみ　ふるの古道　さながらに
　み草踏み分け　行く人なしに
※いそのかみ＝ふるにかかる枕詞

良寛はじめ『古今和歌集』・『新古今和歌集』から和歌の道に入り、西行に私淑（親しくその人を手本として学ぶこと）した。しかし晩年、万葉集に深く傾倒しそれを人から借りて筆写に励んだ。和歌の本は何を読んだらよいかと問われると「万葉を読むべし」と答えている。

良寛は当時興隆しつつあった賀茂真淵や本居宣長の国学（『古事記』や『万葉集』

などのわが国の古典を研究し、天皇を戴く日本の国のあり方、日本人の生き方、信仰などを明らかにする学問）に深い関心を寄せ、最晩年は国学に打ちこんだ。ことに言葉、音声に対して誰よりも鋭敏な感覚を持つ良寛は、五十音図の原理まで探究している。和歌や日本語（大和言葉）の研究は自から、日本とはいかなる国か、日本人とはいかなる民族かを問うことにつながるが、晩年の良寛はその道に深く踏みこんでゆくのである。そこには父以南（父の号）の影響も少なくなかった。父は町名主としては成功しなかったが、皇室と国家を深く思う文人肌の俳人であり、良寛はこの父を敬愛していた。

　幕末日本の危機・国難が本格化するまでにはなお二、三十年を要したが、良寛には祖国日本の現状に対する憂いがあったから、わが「古道」の荒廃と「古道」を実践する人の少ないことを嘆いたのである。寺なしの一乞食僧たる良寛は何も出来なかったけれども、祖国を思う日本人としてこうした感懐（心に感ずる思い）を歌に洩らしたのである。

　良寛の詩はむつかしいが、和歌は平易で誰にもわかりやすい。良寛の歌はほのぼのと温かく潤いがあり人の心に浸みこんでくる。それは良寛の限りない慈心・愛念の発露である。このような歌はそう誰にも詠めない。そうして良寛の歌は漢詩と同じく、天地自然と人間との一体和合を美しく歌いあげている。それは神道的心情の表現そのものである。人々が良寛に日本人らしさを強く感じるのは、良寛が最も深い神道的な心性感情の持主の一人であるからである。良寛の歌は、柿本人麻呂、西行、藤原定家らの歌聖に比べて決して劣るものではない。人を愛し自然とともに生きる悦びを謳った良寛の歌の香り高い調べに触れるとき、私たちは心が洗われ温かい思いに満たされるのを覚える。

珠玉の相聞歌——良寛と貞心尼

最後にもう一つのべなければならないのは、貞心尼との出会いである。時に良寛七十歳、貞心尼三十歳。

貞心尼は長岡藩士の娘で医者と結婚したが夫は病死、以後出家し仏道に励んだ。やがて良寛の高徳を知り、木村家で余生を養う良寛を訪れて教えを請うたのである。それから四年間、二人の親交が続いた。貞心尼は心から良寛を尊敬して師事した。良寛も貞心尼を娘のように親愛して導いた。それは清らかな魂と魂のふれ合いであり、二人は魂合える師弟であった。二人はしばしば歌のやりとりをした。良寛の歌を掲げよう。

またも来よ　柴の庵を　いとはずば
　薄尾花の　露を分けわけ

君や忘る　道や隠るる　このごろは
　待てど暮せど　おとづれのなき

※道や隠るる＝草がはえて道が隠れてしまう。だから来られないのか。

天が下に　満つる玉より　黄金より

春の初めの　君がおとづれ

秋萩の　花咲くころは　来て見ませ
　命全くば　共にかざさむ

※命全くば＝生きているなら

秋萩の　咲くをとほみと　夏草の
　露を分けわけ　訪ひし君はも

※咲くをとほみと＝花が咲くのが待ち遠しいので

み饗する　物こそなけれ　小瓶なる
　蓮の花を　見つつしのばせ

※おもてなしするものは何もないけれど、せめて瓶にさしておいた蓮の花を見ながらそれを私のもてなしと思って下さい。

あづ（ず）さゆみ　春になりなば　草の庵（いほ（お））を
　とく出で来ませ　逢ひ（い）たきものを

※あづさゆみ＝春にかかる枕詞

いついつと　待ちにし人は　来たりけり
　今は相見（あひ（い）み）て　何か思はむ（ん）

※待ちかねた貞心尼がやって来て、もう何を思うことはないという悦びの歌。このころ病気にかかり翌年、弟由之、貞心尼らにみとられて七十四歳で亡くなる。

実に美しい相聞歌（親子・夫婦・男女が互いを深く思う心を詠んだ歌。主として恋の歌）である。相馬御風はこうのべている。

「まったくこの良寛と貞心尼との交りほど純にしてしかもあたたかく、人間的にしてしかも執着なく、霊的にしてしかも血の通った美しく尊くいみじき（普通ではないこと）愛は、この世にほとんどあり得べからざることのごとくに思われる」
「良寛の生涯は晩年のこの奇蹟に近い美しい愛の表現によって、どのくらいその貴さを高めているかわからない。それを通して彼はまことに淳真（けがれがなく清らかなこと）なる人間愛の一の極致を示した。彼の生命はそこに至ってまさに永遠に亡びることのなき人間愛の光を発し得たのであった」

日本民族の一大天才・代表的日本人の一人

良寛は一宗を開いた教祖ではなかった。一宗の大本山、大寺院を預る偉い坊さんでもなかった。いなか寺の住職ですらなかった。「寺なし坊主」「宿なし坊主」であり一乞食僧にすぎなかった。それゆえにほとんどの人々は良寛が偉い仏僧だとはとても思えず、良寛の真の偉大さをこれまで理解し得なかったのである。

確かに人柄は善良で誰にもやさしく、ことに子供好きで一緒に遊んでくれるとても親しみやすいお坊さんではあった。しかし批判する立場からいうとこうなる。良寛はお寺も持てない全くうだつのあがらない落伍者であり、説法も法要もしない。僧侶の日常のつとめを放棄してただ気ままに托鉢だけして、あとは子供らと遊戯にふける「怠け者」であり、厳しい現実社会から遊離し逃避したところで生きる「無用者」「穀潰し」であった。

　また良寛を好意的に見る人でも、詩歌や書は一級品だが、本職の仏教者としてはとても高い評価はできず、その宗教性に

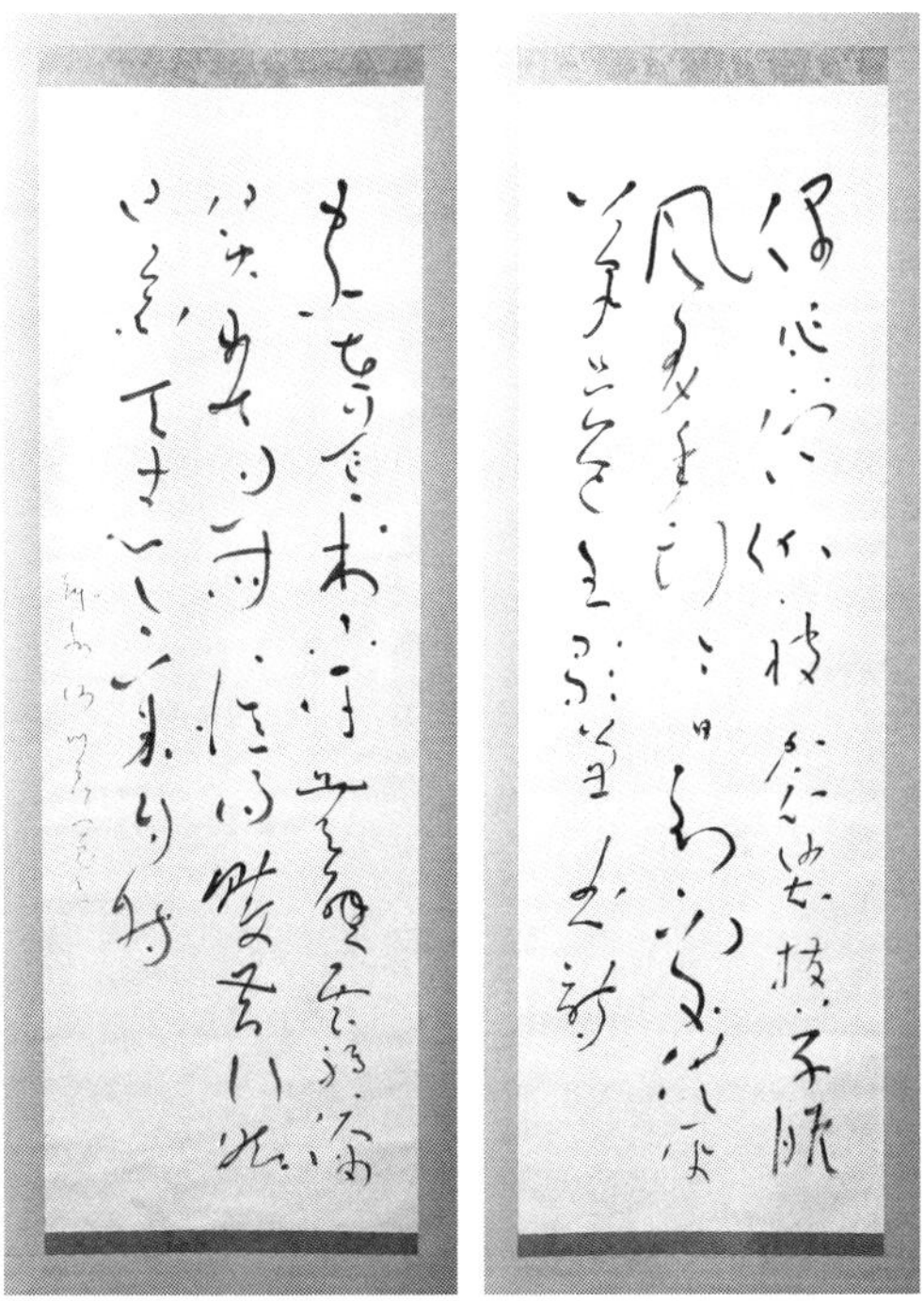

【良寛書幅「七言詩」（双幅）】乙子草庵時代の書で、「偶作僧伽被袈裟」（右）と「家在荒村半無壁」（左）の共に有名な七言詩の双幅。（燕市分水良寛史料館 提供）

見るべきものはないと思ってきたのである。ことに僧侶・学者・知識人のほとんどがそうであった。良寛のほのぼのとした人間性は子供向けの物語にはよい材料ではあるけれど、大人の目からすると何かもの足りなく思えてしかたなかったのである。

しかしそうした理解はみな誤解・曲解・大間違いであったのである。これまでの良寛伝、良寛研究に最も不足し欠けていたのが、仏僧、宗教者としての良寛の真実の姿であった。この物語は中高生に出来る限りわかりやすく理解できるよう努めた。この誇るべき日本人を知ってもらうためには、どうしても良寛の作った主要な漢詩の理解が不可欠である。少しむつかしくてもくらいついてほしい。わが国第一の詩人の詩を知ることができるのはむしろ楽しいことではないか。

良寛は最も日本人らしい日本人の一人であり、わが国稀有の仏教者であり、空海に劣らぬ高徳であり、宗教者として歌・詩・書の作り手として四つとも傑出した古今独歩の日本民族の一大天才であったのである。

良寛はこれまで二百年近く「精神的嵩下げ」を受けその真価が蔽われてきた。

越後（えちご）の庶民（しょみん）たちは僧侶や学者のようにさかしらな理屈や教養に禍（わざわ）いされなかったから、直感的に良寛が偉い坊さんと思った人は少なくなかったが、しかしそれはとうてい口でうまく説明できることではなかった。そうして歿後（ぼつご）もただひたすら「良寛さ」を愛慕（あいぼ）し続けた。その気持は一時的なものではなく、越後の人々の心の奥底にとどまり今日に至った。

これまで良寛の真（しん）の偉大さを正しく理解し評価した人物は長谷川洋三氏のほか皆無（かいむ）に近い。偉人の評価がいかにむつかしいか思い知らされる。偉人の評価が定まるには死後百年かかるといわれるが、二百年近くたった今でも良寛の評価はお定まらないのである。

しかしながら良寛は全く桁外（けたはず）れの偉人であり、紛（まぎ）れもない誇るべき代表的日本人の一人なのである。

参考文献

『定本良寛全集』全三巻　中央公論新社　平成16～17年
『校注良寛全歌集』谷川敏朗　春秋社　平成8年
『校注良寛全詩集』谷川敏朗　春秋社　平成10年
『校注良寛全句集』谷川敏朗　春秋社　平成12年
『良寛禅師の真実相』長谷川洋三　木耳社　平成17年
『大愚良寛』相馬御風　考古堂　昭和49年
『良寛百考』相馬御風　有峰書店　昭和49年
『良寛』東郷豊治　東京創元新社　昭和45年
『良寛の生涯と逸話』谷川敏朗　野島出版　昭和50年
『良寛―歌と生涯』吉野秀雄　筑摩書房　昭和30年
『良寛和尚の人と歌』吉野秀雄　彌生書房　昭和47年
『禅の巨匠たち―日本篇』田中忠雄　浪漫　昭和48年

『良寛』別冊太陽　平凡社　平成20年
『良寛―その生涯と芸術』芸術新聞社　昭和57年
『良寛の名品百選』加藤僖一編　考古堂　平成19年
『良寛の呼ぶ声』中野孝次　春秋社　平成7年
『風の良寛』中野孝次　集英社　平成12年
『良寛心のうた』中野孝次　講談社　平成14年
『良寛』中野東禅　創元社　平成22年
『いま、生きる良寛の言葉』竹村牧男監修　青春出版社　平成23年
『良寛―旅と人生』松本市壽編　角川ソフィア文庫　平成21年
ほか

第二話

渋沢栄一
――近代日本の発展に尽くした「財界の太陽」

渋沢栄一

天保 11 年(1840)～昭和 6 年(1931)
現在の埼玉県深谷市生まれ。幕末から昭和期まで活躍した幕臣、官僚、実業家。第一国立銀行や東京証券取引所など多種多様な企業の設立・経営に関わり、「日本資本主義の父」といわれる。また、『論語』を通じた経営哲学でも広く知られている。(肖像写真：国立国会図書館ウェブサイトより)

1、尊皇攘夷の志士

見直される明治の一巨人

今日、渋沢栄一が見直されている。アメリカ経済に象徴される経営者と株主の利益のみを最優先して、他人、社会、国家など一切眼中に置かない非道な経済・経営のやり方、それは株主資本主義・市場原理主義・金融資本主義・強欲資本主義などとよばれる。つまり金儲けの為には法の目をくぐって不正や詐欺同然のことなど何をやってもよいという徹底した自己中心の考え方である。その正反対・対極にあるのが、渋沢栄一が生涯身を以て実践した日本的経済・経営、日本的資本主義であった。

明治初期から昭和期にかけてわが国の近代的経済の基礎を築き一大発展をさせる上に、渋沢の果した役割は全く比類なきものであり、「日本資本主義の父」「実業王」「財界の太陽」「財界の大御所（最高指導者）」とよばれた。近代日本の躍進における渋沢の貢献は、明治の元老・元勲といわれた文武の最大実力者伊藤博文、山県有朋と比べて優るとも劣らない。

渋沢は銀行始め鉄道・海運・紡績・製紙・製鉄・電力・保険・セメント・肥料・旅館・劇場など約五百の企業を設立する中心者として大活躍したが、三井・三菱のように「渋沢財閥」を作らなかった。渋沢はこうのべている。

「私の事業のために奔走するのは、一念国家の利益を図るにあり。ゆえに成立の見込みある事業ならば幾個にても成立せしめることに尽力し、国家経済の発展を助けんとす。銀行なり紡績業なりその他商工業にして、私の関係せるもの皆ことごとくしからざるなし」

青年時、尊皇攘夷の志士であった渋沢は、何よりも祖国日本の確固たる独立と隆昌を第一義（最も大切にすべきこと）とする経済人・企業家であった。渋沢の経済についての根本観念は、「道徳と経済の一致」であり、「富をなす根源は仁義道徳」にあるとして、営利の追求、富の蓄積はあくまで道義に合致すべきだとした。また「士魂商才」を唱え、実業道は同時に武士道でなければならないとした。渋沢はこうした不動の信念と精神を以て数多くの事業を起こして発展させ、近代日本経済の最高指導者・司令塔として甚大な貢献をし絶大な影響と感化を及ぼした明治の一巨人であった。

　大正五年七十七歳のとき財界を引退した渋沢は亡くなるまで十五年間、公共・社会・福祉・慈善事業に余生の全てを捧げた。世のため人のため恵まれぬ人々の為に渋沢ほど盡瘁（力を尽くし、倒れるほどに苦労すること）した経済人はいなかった。関係した公共社会福祉慈善事業は約六百に及ぶ。近代日本の躍進において渋沢の果した役割は特筆に値する。

立派な両親の感化

渋沢栄一は天保十一年（一八四〇）二月十三日、武蔵国榛沢郡血洗島村（埼玉県深谷市血洗島）に生まれた。生家は農業、養蚕、藍玉の製造を行う豪農・豪商である。金融業も兼ねていた。血洗島村には渋沢姓が十数軒もあったが、栄一の家が宗家（本家）である。

父義雅は村第一の富家渋沢宗助の三男で婿養子に来た人である。義雅は実に立派な人柄と手腕をもつ人物で傾いていた家を立直し村二番目の富家にした。農民であったが年少時より文武両道に励んだ武士的気質を持つ厳正な人で、骨身を惜しまず勤勉に働くとともに、義侠心（道義心をもって人を助けること）強く人々のためによく尽して村人の信頼が厚かった。またすぐれた商才があり、藍玉の製造と販売において並々ならぬ手腕を発揮した。藩主の安部摂津守からその人物を認められ名主見習いとなり苗字帯刀を許された。

母は栄、家付娘である。貞淑（節操が正しく態度がしとやかなこと）にしてとりわけ情愛の深い女性で「困っている人を見ると黙って見ていられない性分」であり、近所の貧しい人々になにかと恵み与えることを常とした。あるとき鹿島神社の共同風呂で入浴していたら、癩病（ハンセン病）患者の女性が入ってきた。入浴中の人達はみな逃げ出したが、栄だけは残ってその女性の背中を流してあげた。栄の慈悲深さは度を越しているといわれた。

栄一はこのような両親のもとに生まれ育った。姉と妹が一人ずつで、あとはみな早死した。栄一は父と母のすぐれた素質をしっかり受けついだ。父の武士道的気性と商才、母の慈悲深さが栄一の人物の骨格を作り上げた。渋沢は人柄すぐれ頭脳明晰、記憶力抜群、誠実・剛毅で意志強く負けず嫌い、几帳面で勤勉、加えて母に似て情愛の心が厚かったというのだからほとんど全く非の打ち所ない少年であったのである。

父の義雅は一人息子の将来に深く期待し、六歳ごろから教育を授けた。自ら教えるのみならず、七歳になると隣村の栄一の従兄尾高惇忠（渋沢の最初の妻 千代の兄）のもとに通わせて学ばせた。尾高は十歳年上の十七歳だがこの年にしてすでにひとかどの学者として近隣に聞こえていた。農民だが志士的風格を持ち人格・学問・見識を兼備しており、栄一は青少年期両親のほかこの従兄に最も強い感化を受けるのである。また父は栄一が十二歳になると正式に師につき剣道を学ばせた。栄一は文のみならず武道にも熱心に励み、人後に落ちぬ腕前を持っていた。渋沢は豪胆さ・勇気においても頭脳・才知と比して少しも劣らなかった。当時の裕福な豪農、豪商層の子弟たちは武士と変らぬ教育を受けたから、渋沢のような人物が出ることは稀ではなかったのである。

すぐれた商才を発揮

父は跡継ぎの栄一が十四歳になると、家業の手伝いをさせた。それまで熱心に文武両道に励んでいたが、以後学びながら農作業と商売に精を出した。渋沢家では藍葉より藍玉を製造してこれを秩父・上野（群馬県）・信州（長野県）方面の紺屋（藍玉で布を紺色〈藍色・青色〉に染めることを業とする。紺屋ともいう）に売る商いをしていたが、父は藍葉の良し悪しを見分ける名手であった。栄一はわずか十四歳の少年だったが、父譲りの異常な才能を発揮した。

初めて一人で藍葉買いに出かけて他村を回ったとき、村人は初め子供だと馬鹿にしてまともに相手にしなかった。ところが渋沢は押し強く出て、藍葉を見てこれは肥料に〆粕を使わなかっただろうとか、これは乾燥が不十分だとかそれぞれ適切な鑑定をしたので村人が驚き、その村の二十軒余りの藍葉を全て買い入れることができた。こうして次から多くの村を回ったがみな好結果を得た。十四歳にして早くもすぐれた商才を発揮した栄一をみて、父は喜びかつほめた。それから二十代始めまで栄一は家業に打ちこんだ。毎年四度ずつ秩父・上野・信州方面を回り藍玉商売に一心につとめた。後年の大実業家となる素地をここで培ったのである。

豊かな家に立派な両親をもち天賦（天性）の人柄・才能を授かって生まれ育った渋沢は少年時代、何一つ不自由のない幸せな生活を送ったが、一度父から厳しい訓戒を受けた。それは十五歳のとき江戸に出て、本箱と硯箱を買って戻って来た時のことである。当時使っていたものが粗末なものだったから、勉強好きな渋沢はかなり高価な良い品を買ったのである。すると父はこれを見て厳重に戒しめた。

「質素倹約はもっとも大切な心得であることは、かねがね言い聞かせてある。しかるにかように奢侈（おごり、贅沢）を好むようではこの家を無事安穏に保ってゆくことはできない。ああ、わしは不孝な子をもった」

婿養子であった父は努力の限りを尽して傾いた家を立直した。その辛苦も知らずに育った息子が、華美（はで・おごり）、贅沢の習慣を身につけたならば、たちまち過去の衰退に舞い戻ることを案じて強く叱責したのである。商才があるとまわりからちやほやされて得意になっていた渋沢は深く反省し、以後倹素（倹約と質素）を守り、後年日本一の大実業家になってからも、父の戒めを忘れずに己れを慎み、あたうかぎり世のため人の為に捧げる生活を送ることになるのである。

渋沢が近代日本きっての経済家となりえたのは、全くこうした父と母が存在したからである。

尊皇攘夷・討幕を目指す

時代は激しく揺れ動いていた。ペリーが来航したのが渋沢十四歳の時である。続いてハリスがやって来て、日米修好通商条約が調印されたのが安政五年（一八五八）、十九歳の時である。

ひときわ明敏な頭脳をもって学問を積み重ねてきた渋沢が、こうした幕末日本の危機・国難に無関心でいられるはずはなかった。敬愛してやまぬ恩師である尾高惇忠は尊皇攘夷の思想を高く掲げる水戸学の教えを深く信奉（信じ仰ぐこと）していたから、渋沢も熱烈な尊皇攘夷の精神に燃えた。藤田東湖の著作や会沢伯民の『新論』などをむさぼるように読んだ。アメリカの軍事的威嚇に再び屈従して不平等条約である「日米修好通商条約」を「違勅調印」（孝明天皇の詔勅に違反して調印したこと）した徳川幕府の不忠不正に痛憤して、幕府を打倒せぬ限り祖国日本の独立、存立はありえぬと真剣に憂えて立上がろうとしたのである。こう語っている。

「私の成長する頃は時代が時代だったものだから、十五、六歳の頃からウロ覚えながら大義名分（国家にとって最も大切な道義）を論じ、尊皇攘夷論に賛成していたものであるが、……感情的に討幕の念が一層熾烈（強く激しくなること）になった。そして同志の連中が集っては盛んに天下を論じ、討幕の急務を叫んでおったものである。殊に私にとっては漢籍（漢文の書物）の師匠である尾高惇忠氏の弟で尾高長七郎という吾々の先輩が剣術家になるつもりで早くから江戸に出ておりその交友も広く吾々と異って天下の大勢を比較的弁えておった為に、長七郎氏が江戸から帰村する毎に当時の模様（様子）を委しく説き聞かせられて、私の血潮は弥が上にも沸き立つのであった」

もうじっとしていられなくなった渋沢は父をかき口説き、文久元年（一八六一）二十二歳のとき江戸に出た。この時は二ヵ月の遊学だが翌文久三年（一八六三）再び江戸に出て、同志とともに討幕計画を練るに至ったのである。まず高崎城を乗取った後、横浜の外国人居留地を焼き払い外国人を斬り殺して、ここから討幕にかかるというものだが、渋沢はこれを真剣に考え約七十名の同志まで得たが結局実行できなかった。文久二年、高杉晋作ら長州藩士は品川・御殿山のイギリス公使館を焼打ちしたが、渋沢も似たようなことをしようとしたのである。渋沢は高杉らに決して劣らない正真正銘の尊皇攘夷・倒幕を目指す過激な一志士であったのである。後年の渋沢は玲瓏（美しく光り輝くさま）円満そのものの人柄で恵比須さんのように仰がれたから、今の人はまさかと思うかも知れないが事実である。渋沢栄一という人物を知る上にこのことは決して忘れてはならぬことである。後の経済人渋沢栄一の心の奥底にあるものは、こうした烈々（激しく強いこと）たる愛国憂国の情、尊皇の誠であり、それは九十余年の生涯を貫くものであった。当時の心境につき後年こうのべている。

「天晴、天下の志士を以て自ら任じておった吾々は勿論、生死の問題など眼中にない。真剣に実行可能の事と信じ、同志の意気は実に天に沖するの概（天空にのぼるような様子）があった」

一転して幕臣となる羽目に陥る

ところが人生の展開は面白いもので人知のはからいを超えたものがある。渋沢は打倒せずにおかないとする幕府の一員となる羽目に陥るのである。その経緯はこうだ。

討幕挙兵計画の首謀者として栄一といとこの渋沢喜作は、幕府の要注意人物と見なされた。そこで探索（罪人の行方や罪状などをさぐり調べること）からのがれるためにしばらく身を隠す必要に迫られ、文久三年（一八六三）十一月、京都へ向った。その時、危険を避けるために、一橋家の用人（家老に次ぐ要職）平岡円四郎の家来という名目で上京した。その翌月には伊勢神宮に参拝している。在京中、かねて渋沢と面識がありその人物を認めていた平岡に、一橋家への仕官（家臣になること）を熱心に勧められた。そのころ同志の尾高長七郎が幕府に捕まり栄一と喜作に嫌疑が及びそのままでは二人の逮捕は必至であった。二人は牢獄入りか一橋家の家臣となるか進退に窮した。打倒すべき幕府の有力な一門の家臣となることは変節漢（信念・節操を曲げる人間）のそしりをうけるから随分悩み抜いたが、二人は世をしのぶ一時の手段として家臣になるのだから世の中はわからない。

　心ならずも一橋家に仕えることになった渋沢は、平岡円四郎から見こまれて深く信頼された。だが平岡はじきに暗殺されて、代って用人になったのが黒川嘉兵衛だが黒川からも信頼された。年は若いが渋沢は何をやらせてもよく出来て重宝がられた。主君の一橋慶喜も渋沢の人物・手腕を認めた。

　ところが慶応二年（一八六六）、慶喜は第十五代将軍になった。これより慶喜の信頼厚い渋沢は自動的に幕臣になることを余儀なくされるのである。討幕の素志（平常の志）を堅持していた渋沢が幕臣になったのだから全く同志に合わす顔はなく、なんたる様だと罵倒されても弁明（いいわけをすること）のしようがない。渋沢はこの身から出たさび、己れの醜態に悶え苦しむ日々を送るのである。

　しかし同年暮、慶喜の実弟で未だ十代の徳川昭武が将軍の名代としてフランスに派遣されることになった。昭武はパリで開かれる万国博覧会に来賓として招待されたあと数年滞仏して勉学する予定であったが、その付人として万端の世話をすべき人物として渋沢が選ばれたのである。慶喜直々の指名であった。こうのべている。

「篤大夫（栄一のこの頃の名乗り）ならば人間もしっかりしているし、将来の望みもある男だから、彼の男ならば適任であると思う」

　この思いも寄らぬ命を受けて渋沢は即座に承諾した。

「私の身にして見れば異議を挟むどころか願うてもない幸福である。全く天来の福音（よい知らせ）であったのである。何故かというに私は元来、尊皇討幕論者であって、一時節を屈して一橋家に仕官はしたものの、最初の志を全然捨てたわけではない。従って慶喜公が将軍職を継承さるるに就いても大いに反対であった。……私の建議は容れられず慶喜公は遂に将軍となられ、その臣下である私も最初転覆を企てた事さえある幕府の臣下に列し、その時の陸軍奉行支配調役になったのである。失望落胆、不平不満は実に言語に絶し、毎日煩悶懊悩の日を送り真に進退に窮したるの余り、いっそのこと切腹して相果てようかとまで思い詰めたものである」

こうしてまた一転、渋沢はフランスに行くことになる。二十八歳の時である。尊皇攘夷の志士が攘夷の対象である欧米の一国フランスに親善使節の一員として訪れるのだから人生は全く予断を許さない。

2、近代日本経済の司令塔

フランスでの収穫

慶応三年(一八六七)正月、徳川昭武一行は横浜を出航した。渋沢は一行の庶務会計と昭武の身の回り一切の世話をする秘書役を担当した。

上海、香港、サイゴン、シンガポール、セイロン、アデン、スエズ、カイロ、アレキサンドリアを経てマルセイユに着港、パリ着が四月である。この間、渋沢は任務に精励するとともに、一日も早くフランス語を覚えることにつとめた。船中は全て洋食だがこれにもすぐ慣れた。

パリに着いた徳川昭武は皇帝ナポレオン三世に謁見、将軍徳川慶喜の公書を捧呈した。以後一年半、渋沢がフランスにおいて学び得たものは甚だ大きかった。渋沢はフランス語に習熟するために、フランス人教師を雇って数人で学ぶが、一ヵ月もすると日常会話に不自由しなくなった。一方、時間のある限り見学に出かけた。政治、経済、軍事、社会、文化等各方面の主要施設を隈なく見て回り、それらにつき詳細に日記に記している。中でも最も見聞を広めるのに役立ったのがパリ万国博覧会である。

同博覧会は一八六七年五月から半年間開催された。世界各国の生産品を一堂に集めて多くの人々が参観、大変なにぎわいを見せた。日本からは幕府と薩摩・佐賀両藩が出品している。渋沢は欧米の科学技術と近代的工業により生み出された諸製品、ことに蒸気機関車、耕作機械、紡績器械、織物、医療器具、測量器など最新の機器の精巧さに目を見張った。

渋沢はフランスから実に多くのことを学んだが、そのうち最も重要なものは今後の日本の社会と経済を支え動かしてゆく上に欠くべからざるものとして、銀行（金融）と株式会社と鉄道の三つであった。渋沢は株式会社の制度を「合本制度」と名づけたが、それは個人のもとに眠っている小さな資本を持ちより大きな資本として事業・会社を起す制度である。そしてその際必要なのがその事業に資金を貸し与える近代的な金融制度だが、渋沢はやがてこれを「銀行」と名づけるのである。金融・銀行と表裏一体となった株式会社の制度こそ経済発展の基盤との確信をフランスで得ることができた。また経済発展には活発な物流を伴うが、そのためには鉄道が不可欠である。当時フランスでは鉄道建設が約二十年間で五倍（営業キロ数）に達し、これに伴い製鉄業や炭鉱業が大発展していた。渋沢はフランスが恰度、銀行と株式会社と鉄道によって繁栄している真っ最中に身をおいて、日本にもこれが必須不可欠と痛感したのである。

　もう一つ渋沢に大きな影響を与えたのは、官と民の関係であった。日本では武士と庶民には厳然たる身分差があったが、フランスにはそれがなかった。親しくしていた銀行家が高級軍人と全く対等のつきあいをしていることに衝撃を受けた渋沢は、後年こう回想している。

「この二人の有様は少しも距りがなく全然対等であります。両者の接触するさまは、官尊民卑の日本人の目から見て驚くばかり親密で遠慮なく色々議論などするので、私は深い感銘と教訓とを受けたのであります。そこで私は政治家たることを断念し、商業——いうところの実業——を振興し、官尊民卑の旧習を打破しようと考えたのであります」

渋沢が後半生、経済人・実業家として身を立てようとしたのは、実にフランスでの見聞・体験がもとになっている。

同年後半、渋沢は徳川昭武に随従してスイス、オランダ、ベルギー、イタリア、イギリスを旅行しさらに見聞を広めた。

ところが同年十月、徳川慶喜は大政奉還を行い、十二月王政復古の大号令が出されて徳川幕府は幕を閉じた。その結果、昭武の留学は中止となり翌年帰途につく。渋沢は時勢の急転による帰国にとまどうが、この欧州視察は渋沢の生涯にとり実に大きな収穫をもたらしたのである。

大蔵省での活躍

渋沢は明治元年（一八六八）十一月、帰国した。明治維新政府が成立して、徳川宗家は静岡（七十万石）に移され、主君慶喜はそこでわびしく暮していた。渋沢は日本の新しい経済のあり方につき大きな目標を持っていたが、世の中が一変してしまったから当面はどうにもならず、静岡藩で出直した。

しかし明治二年秋、突如新政府に招かれて大蔵省に入った。三十歳の時である。ここでまた人生が一転した。渋沢には経済的手腕があると見こまれたことによる。当時の大蔵卿（大臣）は伊達宗城（宇和島藩主）、大輔（次官）が大隈重信、少輔（次官）が伊藤博文である。その次の大蔵卿は大久保利通、大輔は井上馨である。

渋沢は一躍、租税正（現在の財務省主税局長にあたる）に任命される。次いで制度取調御用掛兼務となり、まもなく大蔵少丞、大蔵権大丞兼紙幣頭に進み、明治五年には大蔵少輔事務取扱となり、時の大蔵大輔井上馨とともに実質的に大蔵省を担って立つ有力者となる。渋沢にとり初めての仕事であったが、何をさせてもすばらしい手腕を発揮した。租税制度、貨幣制度、全国の測量、度量衡、鉄道敷設、駅伝法、富岡製糸場創設など指導的役割を果した。元々経済的才覚、企業家的才能が誰よりも豊かであった。維新の志士上りの人物は大体このようなことは不得手であったから、渋沢以上の者はなく大隈も井上も全く渋沢が頼りであったのである。

もう一つ重要なのは、明治四年の廃藩置県における陰の尽力である。明治維新は廃藩置県によって真に完成するが、こ

富岡製糸場（国立国会図書館ウェブサイトより）

の実現において絶大な威望（威力があり大きな人望があること）と鉄腕の実行力をもって最大の貢献をしたのが西郷隆盛であり、協力したのが大久保利通と木戸孝允である。このとき事務方において最も活躍したのが渋沢である。諸藩で発行していた藩札（紙幣）の引換法はじめ廃藩における複雑多岐の処分案をわずか数日で立案してこれを井上大輔に提出している。

もし渋沢がそのまま大蔵省にいたなら間違いなく大蔵卿・大蔵大臣として近代随一の大蔵大臣・財政家となり、伊藤博文や山県有朋らと並ぶ元老・元勲として仰がれたであろう。

大西郷のおもかげ

渋沢が大蔵省にいたのはわずか三年半だが、この間、明治維新の元勲（最も大きな功績ある人物）、新政府の英傑たちと間近に接したが、そのうち一体誰に深い印象を受けたであろうか。日常親しく交わったのは、伊藤博文、井上馨、大隈重信の三人だが、渋沢が最大級に評価したのは意外にも西郷隆盛である。大久保でも木戸でもなく、また三条実美や岩倉具視でもなく、伊藤・大隈・井上でもなかったのである。その後も親しく長いつき合いをした伊藤・大隈・井上について渋沢はこう語っている。

「伊藤公のごときは何事にも自分が一番豪いと思う慢心があって、下問を恥じぬ徳(己れを空しくして他人から謙虚に学ぶ深い心)はなかったように思われる」

明治の元勲・元老の第一人者とされた伊藤に対する冷静、的確な人物評である。

「伊藤公でも大隈侯でも井上侯でもみな善に伐りたがる(自分の長所、すぐれたところを鼻にかけて誇り自慢すること)方であって、『おれはこれほど豪いぞ』といわぬばかりに吹聴(ほらを吹くこと)せられ、善に伐らぬ人ははなはだ少なかった」

「大隈侯にはこの謙遜の美徳がなく、何事でも概ね憚らずして断言せられた。いな少しぐらい疑わしいことまでも、どしどし断言せられるのが侯の癖である。これが常に累いを成して、侯は世間よりいろいろ非難された」

渋沢は伊藤・大隈・井上の手腕を認めたが、その人格において謙虚さ・謙遜さ・慎みを欠くことを一大難点として高い評価を与えていない。維新三傑のうち、大久保利通と木戸孝允についても手厳しい。

「知謀の勝れた大久保公や木戸公のごとき方には、どうしても義に勇む（道義心を最も大切にすること、勇気を奮って道義を貫くこと）という所は少かったように思う」

渋沢は西郷とはまるで対極の人柄のように思われるが、そこが面白いところでこう語っている。

「大西郷（明治維新成就の第一人者だったから人々は西郷を深く仰慕して〝大西郷〟とよんだ）は、体格の好い肥った方で、平常は如何にも愛嬌のある至って人好きのする柔和な容貌で優し味が溢れて居ったが、一度意を決しられた時の容貌は恰度それの真反対で、恰も獅子の如く測り知れぬ程の威厳を備えておられた。いわゆる恩威並び備わる（恩恵と威力ともに備わる〈大人物を賞め賛える時に使う言い方〉）という御方であった」

「また賢愚を超越した大人物であって、平常は至って寡黙を守り、滔々と弁ぜられるなどということは無かったので、外観によっては果して達識の人であるかまた愚鈍な人であるか、凡人には一寸わからない程であった。それに他人に馬鹿にされても馬鹿にされたと気付かず、その代り褒められたからとてもとより嬉しいとも喜ばしいとも思わず、褒められたことさえ気付かずにおられるように見えたものである。しかしその包容力に富んだ大度量と、不言のうちに実行される果断（決断・英断）と、他人の為に自分の一身を顧みない同情心と義侠心（道義のためにつくす心）と、その他いろいろな方面から大西郷を観察すれば、真に将に将たるの大器を備えておった偉人であったことが思われる。とにかく偉人の豪傑のうちで、知らざるを知らずとして毫も（少しも）虚飾（嘘や飾り）の無かったのは西郷公だけで実に敬仰に堪えぬ次第である」

渋沢晩年の言葉である。これ以上はない大絶賛である。『日本の偉人物語3』でのべたが、西郷は維新時のいかなる英傑とも比較にならぬ大人物であったことが、渋沢の言葉でよくわかる。伊藤博文や大隈重信は西郷の偉さがよくわからず、むしろ愚鈍視さえして自分の方が偉いと己惚れていたが、渋沢はこう見たのだ。西郷をこのように理解したところに渋沢の人物の真価がある。さすがに渋沢は偉く、「代表的日本人」の筆頭たる西郷の面影を活写して後世に伝えた。生涯武士道を深く信奉（信じて仰ぐこと）し実践した渋沢のさむらいの心が、西郷という古今不世出（古今に並ぶ者なくすぐれていること）の英傑の本質に強く共鳴したからこそこの記録が残されたのである。

近代的金融業・銀行の創設

明治六年五月、渋沢は退官した。三十四歳の時である。ここからが渋沢にとり真の志に立つ人生の出発であった。

渋沢は十代後半、尊皇攘夷の精神に燃え討幕に立ち上がろうとした。農商人をやめ武士となり政治家になろうとした。その純真な熱情は尊く、政治家として一生を貫いてもきっと成功したに違いないが、渋沢は十代後半から三十代前半までの人生を「志違い」「客気に誤まれる（血気にはやること）」として深く後悔、反省するのである。自分の取柄（長所）、本分とするところは政治ではなく、実業・商工業の道にありその発展に尽すことにあると悔悟（悔い改め悟ること）したのである。真の立志は三十四歳の時と後に語っている。しかしこれまで十数年の得がたい経験は決して無駄な回り道ではなかった。一橋家の家臣として武士になったこと、フランスに行ったこと、大蔵省での奉仕みな渋沢を大実業家に仕上げる肥やし（肥料）、磨石になったのである。

渋沢は同年六月、近代的金融機関である銀行を創設した。そ

第一国立銀行・初代本店（現在の東京都中央区日本橋兜町）
（写真提供：清水建設株式会社）

れがわが国最初の銀行・第一国立銀行である。国立銀行は「ナショナルバンク」の訳語である。「国立」とあるが無論私立である。この銀行の創立において、渋沢は当時有力な豪商、為替業者であった三井組、小野組の首脳を説得し協力を得た。資本金の三分の二を三井・小野両組が引受け、残りを公募した。「合本制度」つまり株式会社組織による銀行の発足であった。渋沢は総監役（後に頭取）に就任し銀行の最高経営者となり晩年引退するまでつとめた。

金融組織は諸産業発展の「血液」として近代資本主義成立の基礎の一つである。以後、全国各地に「第○国立銀行」が次々に設立され、明治十年代全国に金融網がほぼ完成するが、それは偏に渋沢の尽力の賜である。初めての試みである銀行制度の創設と運営は幾多の困難、試練に出会った。銀行に対する世間の無理解、金融業に対する偏見と蔑視（金融を扱う商人は従来士農工商の最下位の身分とされた。また「高利貸」の悪印象など）、株主募集の苦労等があったが、渋沢は持前の不撓不屈の粘り強い努力を傾け、ついに近代的金融業を確立した。この功績だけでも非常に大きい。以後、第一国立銀行の頭取を大正五年まで約四十年間続けた渋沢は、この第一国立銀行を拠点として実業家として雄飛するのである。それは全く余人の追随を許さぬ八面六臂（一人で多くの能力を発揮すること）の大活躍であった。

鉄道・海運発展における貢献

明治十年代末期から二十年代初めにかけて日本経済は大きく躍進して企業勃興時代を迎えたが、その中心が鉄道業と紡績業を主とする軽工業である。

明治十九年以降、各地に私設の鉄道会社が創立されたが、渋沢はそのほとんどにおいて発起人、相談役をつとめた。明治五年、新橋・横浜間に鉄道が開通したが、その時中心的役割を果したのも渋沢であり、官にあっても民間にあっても渋沢は終始一貫、わが国鉄道の発展に最も貢献した人物である。官設、私設合わせて明治十八年五六〇キロだったが、二十三年には二四〇〇キロと約四倍になった。なお二十二年には東海道全線が開通している。

回りを海に囲まれたわが国にとり、海運は不可欠である。海運業は日清戦争（明治二十七・二十八年）を契機に発展した。明治三十年には汽船総トン数が倍以上になった。渋沢は商工業の発展は海陸運送の良否にかかっていることを認識して、早くから海運業の発展に尽した。明治十六年、渋沢は益田孝（三井の中心的指導者）と協力して「共同運輸会社」を創立した。この会社は明治十八年「三菱汽船会社」と合併して「日本郵船」となった。さらに明治二十九年、「東洋汽船会社」を設立した。

企業設立の中心的指導者
――渋沢なくして明治日本経済の大発展はなかった

明治前半の日本経済の発展、企業勃興のもう一つの中心が紡績業である。明治初年以来綿織物・綿糸・綿花の輸入は輸入総額の三割前後を占めていた。

渋沢は早くより紡績業に注目していたが、明治十二年、益田孝、大倉喜八郎

（明治の大実業家・大倉財閥の創始者）と謀り、大阪紡績会社を設立した。そのほか渋沢が密接な関わりを持った会社は、三重紡績、鐘淵紡績、上海紡績、東華紡績などがある。

　このほか渋沢が中心となって起した企業は数多い。抄紙会社（王子製紙）・東京瓦斯（東京ガス）・東京電灯（東京電力）・東京海上保険（東京海上日動火災保険）・東洋製鉄（新日本製鉄）・東京石川島造船所（ＩＨＩ）・日本鉄道（ＪＲ東日本）ほか諸鉄道・大日本麦酒（サッポロビール、アサヒビール）・帝国ホテル・日本貯蓄銀行（りそな銀行）・清水組（清水建設）・秩父セメント（太平洋セメント）・帝国劇場・東京會館など約五百社に及ぶ。渋沢はこの全ての社長をつとめたわけではない。設立において指導的働きはするが、設立後はしかるべき人材を社長に立てた。大きな事業を開始する時、渋沢がかかわらなかったものはなかった。渋沢抜きに事業・企業は成立しえず、当時、「一にも渋沢さん、二にも渋沢さん、三にも渋沢さん」といわれて、渋沢なしに日本経済は存立し得なかったのである。

　渋沢が生涯自ら経営したのは第一国立銀行のほかわずかである。つまり渋沢は

「渋沢財閥」を作らなかったのである。作ろうと思えば日本最大の財閥を作る才能・手腕を誰よりも有していたが決してそうしなかったのである。晩年、渋沢は息子たちの前で微笑してこう語っている。

「わしがもし一身一家の富むことばかり考えていたら、三井や岩崎（三菱）にも負けなかったろうよ。これは負け惜しみではないぞ」

またこうのべている。

「自分が従来事業に対する観念は、自己の利殖（利益をあげて蓄財すること）を第二位に置き、まず国家社会の利益を考えてやっておった。それであるから金は溜まらなかったが（三井や三菱らの財閥ほど莫大な金は蓄積できなかったという意味。五百もの会社を起こしその株主をつとめたから無論多大の財産があった。しかし後述するように渋沢はそれを社会に還元して世のため人のために役立てた）、普通の実業家と称せらるる人々よりは、比較的国家社会のためになった点が多かろうと、自ら信じておる。この点からいえば私の主義は、利己主義ではなく公益主義ということができよう。こう言えばいかにも自慢高慢をいうようであるけれども、衷心（心の底から）自らさよう信じているところを遠慮なく告白するばかりである」

渋沢は五百もの事業・企業を起こした大実業家であったが、それは決して私利私欲の為にやったのではなかった。渋沢は近代日本の躍進において必須不可欠な経済――商工業・諸産業――の発展という国家的見地に立ち、企画者・組織者・方向指示者として近代日本経済の二人となき卓絶（ずば抜けてすぐれていること）した司令塔の任務を果したのである。渋沢は明治三十三年男爵、大正十年子爵を授かる（貴族の爵位の順位は、公爵・侯爵・伯爵・子爵・男爵）が、その一大功績に比べて甚だ低い評価であった。伊藤博文と山県有朋が公爵、大隈重信と井上馨が侯爵であることを思えば渋沢の功績は大隈・井上とは比較にならず、伊藤・山県に決して遜色（劣ること）なかった。渋沢は近代日本の歴史に高く聳え立つ偉人の一人であったのである。

3、士魂商才

道徳と経済の合一

実業家、経済人として渋沢はいかなる精神、信念をもって九十余年の生涯を全うしたのであろうか。それにつき『渋沢栄一』を著した土屋喬雄はこう要約している。

「渋沢の指導精神の根本理念（最高の考え・あり方）は、道義を至上命令ないし第一義（最も大切な正しい道）とするものであり、営利の追求も資本の蓄積も道義に合致するものでなければならぬとするものである。いわゆる『道徳経済合一説』である。従って渋沢は営利の追求、資本の蓄積の為には時に手段を選ばぬと考えることはできなかった。その手段はあくまで道義に一致するものでなければならず、仁愛の人情にもとらぬ（そむかないということ）ものでなければならぬというのが渋沢の考え方であった」

「日本資本主義発達史上の著名実業家中にあっても、渋沢の指導精神ないし思想はもっとも高邁（高くすぐれていること）にして最も視野広大なものであったということができるであろう。道徳経済合一主義の伝統は日本の財界に今日にまで継承されているのである」

道徳と経済の合一はわが国のすぐれた指導者、政治家に共通した根本信念であった。その代表が『日本の偉人物語1・2・4』でのべた二宮尊徳・上杉鷹山・島津斉彬及び山田方谷（備中・板倉藩の藩政再建者）などである。また江戸時代「心学（人間の本性・本心を知り正しく生きてゆくための学問・修養）」を唱え、「商人の道」を広く伝えた石田梅岩も同様である。

こうした日本的経済・経営のあり方の対極にあるのが、アメリカ流の経済・経営である。それは株主資本主義・市場原理主義・金融資本主義とよばれる強欲資本主義である。それは倫理・道徳のひとかけらもないむき出しの営利の追求であり、私利私欲の塊のような人々が今もアメリカ経済を支配している。

二〇〇八年、世界金融危機(「リーマン・ショック」とよばれた)をひきおこしたアメリカの投資銀行の筆頭ゴールドマン・サックスのCEO(最高経営責任者)がその前年手にした一年間の賞与(ボーナス)は七十七億円、同じくリーマン・ブラザーズCEOが六十六億円である(同社は翌年倒産)。これら投資銀行家の眼中には国家社会も国民も一切ない。あるものは唯々自分と株主の利益であり、雇用している部下でさえ平然と使い捨てにしていささかも罪の意識をおぼえない。会社を潰そうが、世間・社会・国家がどうなろうと一切知ったことではないという恐るべき自己中心主義である。かつてゴールドマン・サックスで働き『強欲資本主義ウォール街の自爆』を著した神谷秀樹氏はこうのべている。

「ウォール街(ニューヨークにある金融の中心)の『強欲度の水準』は、我々日本人社会で考える『強欲』の感覚より、三乗か四乗のレベル（水準）にあると知るべきである」

こうした風潮がアメリカ全土を蔽い、ＣＥＯと一般社員の収入格差はここ三、四十年間に四十倍から約五百倍ほどに拡大している。今日、貧富の格差が最も激しい社会は、かつて理想の憧れの国とされた「自由と民主主義の国アメリカ」であり、もう一つが共産主義を建前とする中華人民共和国である。戦後多くの日本人はこの自由と民主主義のアメリカ、あるいは「全員平等の貧富の差なき共産主義国家」に理想の社会を夢見てきたが、それは全くの幻想であったのである。

神谷氏はこのアメリカ流の強欲資本主義が世界を覆っている中にあって、その悪影響が最も少ないのは日本であり、日本経済はまだ取り返しのつかぬところまで至っていない、いまだ多くの日本人の心の中には「利他の心（利己主義の反対、他人のため世のために尽そうとする心）」が残っている、日本人は日本人としての本来のすばらしい心を取り戻し伝統的価値観に基づき、世界経済の手本を示すべしと力説している。ゴールドマン・サックスにいた人の言だから説得力がありもっともな主張である。日本人が伝統的価値観に立ち日本的経済・経営を行わんとするとき、最も顧みられ手本と仰ぐべき一人こそ渋沢栄一にほかならない。

論語と算盤

ここで渋沢自身の言葉を掲げよう。有言実行の渋沢は多くのすぐれた著述を残して、人々に自己の信念を語った。それは机上の空理空論ではなく、全て実践に裏づけられた善言・金言であり、現在の実業家・経済人のみならず一般の人々にとって経営及び人生の指針となるべきものである。入手しやすいものとして『渋沢栄一自伝』『論語と算盤』『渋沢百訓』『論語講義』『渋沢栄一「青淵論叢」』などがある。

「富をなす根源といえば、仁義（仁愛と道義）道徳」

「正しい道理の富でなければ、その富は完全に永続することができぬ」

「道徳と離れた不道徳、欺瞞（偽りあざむくこと）、浮華（中身がなくうわべだけがはなやかなこと)、軽佻(軽薄、軽はずみ)の商才は、いわゆる小才子(小手先の小才がきく人)、小悧口(ちょっと気のきくこと、小才があること)であって真の商才ではない」

「私は平生、孔子の教えを尊信すると同時に、論語を処世(世の中に生きてゆくこと)の金科玉条として、常に座右から離したことはない」

「私は論語で一生を貫いて見せる。論語の教訓を標準として、一生商売をやってみようと決心した。それは明治六年の五月のことであった」

「私の処世の方針としては、今日まで忠恕一貫の思想でやり通した」

※忠＝真心・誠。恕＝思いやり・慈悲・仁愛。

「私は志の曲がった軽薄才子(頭はよくても心の正しくない中身の薄い調子のよい人間)は嫌いである。如何に所作が巧みでも(言語・振舞がよさそうに見えても)誠意のない人は与に伍する(共に行動する)を懌ばない(喜ばない)」

「私は青年時代から儒道(儒教)に志し、しかして孔孟(孔子・孟子)の教えは私が一生を貫いての指導者であっただけに、やはり忠信孝悌の道を重んずることをもって大なる権威ある人格養成法だと信じている。忠信孝悌の道を重んずるということは全く仁をなす基で、処世上一日も欠くべからざる要件である」

※忠＝主君・国家に忠義・忠誠を尽すこと。信＝まこと。信義・嘘偽りがないこと。孝＝親に真心をもってつかえること。親孝行すること。悌＝兄弟・姉妹を敬愛すること。仁＝仁愛・慈愛・思いやり。

以上の通り、渋沢は論語を中心とする儒教の道徳——忠孝仁義——をもって一切の経済活動を実践し、論語と算盤（経済）は合致するとして生涯を論語の精神をもって貫き通したのだからこの上なく立派であり、偉大の一言に尽きるのである。

渋沢は当時の武士出身者同様、儒教を信奉し論語を座右の書として自己の人格を磨くとともに経済活動を行った。それほど儒教と論語に打ちこみ孔子を崇敬した渋沢ではあったが、しかし決してシナかぶれ、シナ崇拝には陥らなかった。

大正三年、渋沢はシナを訪れて見聞につとめたが、書物の上のシナと実際のシナの現実の大きな相違に驚くとともに失望の念を深くするのである。

「支那の地を踏み、実際につき民情を察するに及び、あたかも精緻巧妙（細密でうまく巧みなこと）を極めたる絵画によりて美人を想像し、実物につき親しくこれを見るにあたり、初めてその想像に及ばざるの恨みを懐くと等しく、初めの想像の高かりしだけ失望の度も高く……。国民全体として観察するときは、個人主義、利己主義が発達して国家的の観念に乏しく、真個（真に、心から）国家を憂うるの心に欠けたることにて、一国中に中流社会の存せざると、国民全般に国家観念に乏しきとは、支那現今の大欠点というべきである」

渋沢は儒教の経典（『四書五経』）・歴史や漢詩を書物を通して学びシナ及びシナ人を尊敬してきたが、その目で現実を見て幻滅するのである。何事も聞くと見るとでは大違いである。シナは一言でいうと忠孝仁義なき「革命の国」であり、王朝が興っては革命で滅亡する繰返しであり、皇帝の過半数は北方異民族の出身者だから、シナ国民には国家観念・愛国心は生まれようがないことを渋沢は痛感したのである。これに対してわが国は革命がなく、神武天皇以来「万世一系」の天皇が今日まで存続してきた。日本とシナのこの根本的相違、天地の隔りを思い知った渋沢はこうのべている。

「不幸にして孔子は、日本のような万世一系の国体を見もせず、知りもしなかったからであるが、もし日本に生まれ、または日本に来て万世一系のわが国体を見聞したならば、どのくらい賛嘆したかしれない」

武士道と実業道の一致

渋沢は農民、商人として生まれたが、十代のとき尊皇攘夷の精神に目覚めて武士たらんとし実際武士になった。文武両道の修行において決して人後に落ちず、生涯武士の魂を持ち続けた明治のさむらいの一人であった。実業家、経済人ではあったがその前に熱烈な尊皇愛国の武士であり続けた。渋沢の実業家としての精神のよりどころは論語ともう一つ、武士道であったことを忘れてはならない。こう語っている。

「私は常に士魂商才ということを唱道（唱えること）する」

「今や武士道を移してもって直ちに実業道とするがよい。日本人は飽くまで大和魂の権化(現われ、象徴)たる武士道をもって立たねばならぬ。商業にまれ(であれの意)工業にまれ、この心をもって心とせば、戦争において日本が常に世界の優位を占めつつあるがごとく、商工業においてもまた世界に勇を競うであろう。私は武士道と実業道とはどこまでも一致しなければならぬもの、また一致し得べきものであると主張するのである」

「武士道の神髄は正義、廉直(心が清く正しいこと)、義侠(道義心をもって人を助けること)、敢為(物事を勇気をもって押し切って行うこと)、礼譲(礼儀正しく謙譲・謙虚なこと)等の美風を加味したもので……なかなか複雑な道徳である。しかして私が残念に思うのは、この日本の精華(すぐれてうるわしいこと、生粋、正味)たる武士道が古来専ら士人(武士)社会のみに行われて、殖産功利(商工業)に身を委ねたる商業者間に、その気風の甚だ乏しかった一事である。古の商工業者は武士道に対する観念を著しく誤解し、正義、廉直、義侠、敢為、礼譲等のことを旨とせんには商売は立ち行かぬものと考え……。けれども士人に武士道が必要であったごとく、商工業者もまたその道が無くては叶わぬことで、商工業者に道徳は要らぬなどとはとんでもない間違いであったのである」

渋沢の一身において儒教と実業道と武士道は全く一つであったから、論語の精神と武士道により、実業道に魂をふきこもうとして生涯努力を傾けたのである。渋沢の実業道を貫くものは結局、尊皇愛国の武士道であった。一生を実業の世界においた唯一の願いは一身一家の出世繁栄ではなく、祖国日本の確固不動の自立・独立であり、世界への雄飛であった。明治日本の奇蹟の歴史——非西洋諸国中唯一つ真の自立を堅持し、日露戦争に勝利して欧米中心の世界を一変したこと——をもたらす上に、政治軍事のみならず各方面に渋沢を始めとする傑出した人物が次々に出たが、彼らの心の奥底に共通してあったものこそ、祖国日本へのこの烈々たる燃えるような愛国心であった。

日露戦争における尽力

渋沢にとり国家と実業道と武士道は一つであったから、常に祖国日本の命運を深く案じた。それ故に明治の一大国難・日露戦争において、渋沢は経済界の陣頭に立ち最も尽力した。日露戦争には約二十億円（当時の国家予算は三・四億円ほど）もの軍費を要したが、政府は十四億円の国債を発行した。半分を欧米の資本家に買わせ、半分が国内である。渋沢はこの国債買入れを経済界あげて推進したのである。開戦直前の知られざる秘話を紹介しよう。

当時の参謀本部参謀次長は陸軍中将児玉源太郎である。児玉は開戦直前の明治三十六年十月十二日、参謀次長に就任した。前任の田村怡与造中将が急逝したため、内務大臣兼台湾総督の要職にあった児玉が、ほかに適任者なしということで異例の就任となった。児玉は軍人としてのみならずきわめてすぐれた政治的手腕を持っていたから、内務大臣と台湾総督を兼務していたが、参謀次長就任に伴い内務大臣だけ辞めた。台湾総督は余人をもって代え難しということで（児玉は歴代台湾総督中最高の成果を上げた名総督だった）台湾総督兼務の参謀次長となったのである。児玉がいかに有能無比の文武の大才であったかが知られよう。

児玉は就任した翌十月十三日、自ら渋沢の事務所を訪ねて、刻一刻と迫る日露戦争につき全面的協力を要請した。『日本の偉人物語1・3・4・5』でのべた通り、日露戦争は本来ならば決してありえず万が一起きたとしても、日本の勝利は絶対不可能、惨敗・亡国あるのみと欧米から見られた戦いであったから、元老筆頭の伊藤博文は最後まで開戦に反対していたし、渋沢は態度を表明していなかったが出来る限りこの戦いを回避したかった。児玉が渋沢にいかに語ったかにつき、児玉の伝記はこう伝えている。

「(児玉将軍は)極めて熱烈にそして赤心(誠・真心)を披いて開戦のやむを得ぬ所以を説いた。勝者たるは必ずしも保証しえぬが、このまま推移すればまことに遺憾ながら、二年後には東亜(東アジア)のロシア側の兵力が絶対的に優勢となるので、挑戦されれば勝つ見込みがないと見なさねばならぬことを許される範囲(日露両国の軍事力の詳しい内容は外部には伏せられている)において説明し、……万死に一生を必期(必ず実現すること)して戦う以外にないことを語り、語って滂沱(涙が溢れ出るさま)と涙するのであった。

開戦に対する態度を明らかにせずどこまでも自重派（極力開戦を回避せんと願う人々）の陣営を降らなかった渋沢であるが、児玉将軍の熱誠（熱情あふれるまこと・真心）に動かされた。殊に内相の顕職（要職のこと）を抛って参謀次長となったその事実に考えても、帝国（当時、大日本帝国といった）の今や興亡（興起と滅亡）の分岐点にあることが了解されるので、

『児玉さん、私も一兵卒（一兵士）として働きましょう。何事でも直ちに命令して下さい。私に出来ることでも出来ぬことでも必ず貫徹（貫き通す、やり抜くこと）に努めます』と児玉将軍の両手を渋沢氏は力強く握ったのである。言葉なく渋沢氏の両手を児玉将軍も力強く握って熱涙を拭わなかった」

ここで注目してほしいのは、児玉が日露戦争につき「万死に一生を必期して戦う」と語ったことである。ふつうは「九死に一生を期す」と言う。ところが日露戦争は「万死に一生」を必期した戦いであったのである。日露陸戦の作戦を担当した責任者である児玉の言葉は重い。日露戦争はそれほどの至難の戦いであり、日本の勝利は「万番に一番（ふつうは千番に一番という）」の奇蹟の中の奇蹟であっ

たのである。渋沢が児玉に「私も一兵卒として働きましょう」と答え、二人が両手を握りしめ熱涙を流した場面は、これを読む側も熱涙を禁じ得ない。日本民族の存亡をかけた乾坤一擲の戦い（国家の運命をかけた天地がひっくり返るような勝負）における渋沢・児玉両雄の知られざる佳話（美談）である。祖国日本の存立と隆昌に全てを捧げた明治の先人達の熱い思いを忘れてはならない。後世の子孫たちは日露戦争を戦い抜き祖国を守った先人達の歴史を知る義務がある。

乃木大将絶賛

武士道を深く重んじ実践した渋沢は、同じく武士道を最も見事に貫いた陸軍大将乃木希典の殉死（『日本の偉人物語４』に詳しくのべた）に、深甚の感銘を受けずにはいられなかった。

「乃木大将が末期における教訓が貴いというよりは、むしろ生前の行為こそ真に崇敬すべきものありと思う。換言すれば大正元年九月十三日までの乃木大将の行為が純潔で優秀であるから、その一死が青天の霹靂（晴れた空に突然起る雷の意）のごとく世間に厳しい感想を与えたのである。

私は乃木大将とは親しみが厚くなかったから、その性行（性格と行為）を審らかに（詳しくの意）知らぬけれども、殉死後各方面の評論から観察すると実に忠誠無二の人である。廉潔（心が清らかで欲の少ないこと）の人である。その一心はただ奉公の念に満たされた人である。ことに軍務的行動については何物をも犠牲にして君のため国のために尽すという精神に富まれていたことは、現に二人の令息が日露戦役にて前後討死された時にも、将軍は君国のために堅忍（堅く忍び耐えること）その情を撓めて（おし殺すこと）涙一滴も見せなかった一事に徴し（証拠とすること）ても明らかである。

さらば至って偏狭（偏って狭いこと）な過激なただ感情的な人かと思うと、その間に藹然たる（おだやかでやわらいださま）君子（人格の高い立派な人間）の風ありて、あるいは諧謔（たわむれ、こっけい）をもってあるいは温乎（やさしさ、あたたかさ）たる言動をもって人を懐けられ（親しく、なつかしく思われること）、自己が率いた兵隊などに対してもそれこそ心からその人の痛苦を恕察し（深く思いやること）、またその戦死については故郷の父母妻子に対して深く哀情を添えておられた。学習院に院長としておられた時にも掬する（いっぱい、大きい）ばかりの情愛がすべての方面に現われている。

その平生は如何にやというと、独り武ばかりを誇りとするに非ずして文雅（歌や詩を作る風流の道を心得てみやびであること）にも富まれている。いかに忠誠の人でもただ無骨一片（武道のみに片寄ること）で、花を見ても面白くない、月を見ても感じないという人は困る。しかるに乃木将軍は詩歌の道にも長けて、しかも高尚な意味を平易の言葉で述べることが誠に巧みであった。かの二百三高地における絶句（漢詩）のごとき、あるいはまた故郷に帰って故老（兵士たちの父母）に会うのが心苦しいという詩のごとき、また辞世の歌のごとき（これらの詩歌は『日本の偉人物語4』にのせた）、いずれも真情 流露（あふれ出ること）少しも巧みを弄せず（もてあそばずの意）ごく滑らかに詠まれている。

かくのごとき奉公の念の強い所から、不幸にも先帝の崩御に際してはもはやこの世に生き甲斐がないと思われたのであろう。忍びがたきを忍びて殉死を決して、さてこそそのことが発露（表にあらわれること）したればこそ、将軍の心事（心のうち、精神）が世間に顕われて実に世界を聳動（驚嘆させること）したのである。ゆえに私は思う。ただその一命を捨てたのが偉いのではなく、六十余歳までのすべての行動、すべての思想が偉かったということを頌讃（ほめたたえること）せねばならぬ。かくのごとく天下を感動せしめたる所以（理由）のものは壮烈無比（比類のない義勇の行為）なる殉死にありといわんよりは、むしろ将軍の平生の心事、平生の行状（言動、振舞）がこれをしてしからしめたものなりと解釈するのである」

渋沢は乃木の殉死に強く打たれてかくも乃木を絶賛した。渋沢が維新・明治期の人物中最も仰慕、崇敬、称賛してやまなかったのは、明治天皇を別として先に西郷隆盛、後に乃木希典である。渋沢が真に武士の魂を持つ人物であったからこそ、武士道の権化（神仏が人々を救うためにかりに人に姿を変えてこの世に現われること）というべき西郷並びに乃木という稀有の人物に激しく共鳴・共感したのである。渋沢もまた稀世（世にまれなこと）の武士道の一権化であったのである。

4、生涯を貫いた尊皇愛国の至情

公共社会福祉慈善教育事業に余生(よせい)を捧ぐ

渋沢は実業家・経済人・経営者として尽力しただけではなかった。国家の隆昌(りゅうしょう)、社会の健全な発展、人々の幸福を切(せつ)に願って、公共・社会・福祉・慈善・教育事業にも力の限りを尽した。大正五年七十七歳のとき実業界より引退(いんたい)して九十二歳の時まで余生(よせい)をこれに捧(ささ)げた。これらの事業の創設者・正副総裁・正副会長・相談役・顧問・理事・評議員、あるいは賛助者(さんじょしゃ)・後援者(こうえんしゃ)として物心両面から支援した事業は約六百にも及んだ。しかもそのほとんどにわたり渋沢は名目的関係者ではなく、生みの親、育ての親たる役目を果したのである。実業界から退いたといっても亡くなるときまで席の緩まる時なく、奉仕の一生に明け暮れたのであった。

社会・福祉・慈善事業として主なものをあげると、東京市養育院、東京感化院、慈恵会、済生会、全生病院、癩病予防協会などにおける奉仕がある。渋沢が最初にかかわったのが東京市養育院だが明治九年に院長になり以後九十二歳まで五十七年間もつとめた。東京市養育院は職のない浮浪者や孤児を収容し救助する東京市が創設した公的福祉施設だったが、市議会では公金を使って貧窮者を助けるのは怠け者を増やしかねないとの反対論が根強かった。しかし渋沢は、「政治は仁(愛・慈悲)を行うことが肝要で、貧窮者を助け貧富の格差をなくすことは公益である」と訴え続けた。渋沢は多忙の中、必ず毎月、子供たちへ配る菓子を持って訪れ、入院者と時間の許す限り面談した。大正十三年のある日、渋沢は養育院の孤児たちにこう語っている。

「みなさんは親がないなどという淋しい考えをおこして下さるな。どうかこの私を本当の父親だと思って、なんでも甘えて下さい。私も出来るだけのことはしてあげるつもりです」

孤児たちの「親」としてこれほどの愛情を捧げた渋沢には、立派な宗教家の一面があった。

渋沢は教育事業にも並々ならぬ働きをした。ことに実業学校――東京高等商業学校（現一橋大学）・大倉高等商業学校・高千穂商業学校・東京高等蚕糸学校・岩倉鉄道学校等――への支援に尽した。渋沢は女子教育の振興にも心を注ぎ、東京女学館、日本女子大学校（現日本女子大学）などを支援、後に両校の校長にもなった。また二松学舎（現二松学舎大学）の舎長（理事長）に就任している。

神宮・神社に対する関係も深い。明治天皇の崩御に伴い、神宮創建につき真先に声を上げたのが渋沢である。渋沢は東京市長・阪谷芳郎（渋沢次女の夫）、東京商業会議所会頭・中野武営並びに政府首脳と協議して、明治神宮を東京に造営することを決議、その結果、代々木御料地に神宮内苑、青山練兵場に神宮外苑を建設する運びとなった。渋沢は明治神宮奉賛会の副会長として寄付金集めに奔走した。明治神宮は大正九年に創建された。神宮外苑には聖徳記念絵画館が建立されたが、渋沢は「グラント将軍と御対談の図」壁画を献納している。尊皇愛国の士であった渋沢の明治天皇への尊崇仰慕の念は誰よりも深かったのである。

明治神宮のほか富岡八幡宮、湊川神社、藤樹（中江）神社、乃木神社、日光東照宮、浅草寺、寛永寺、増上寺など数多くの神社・仏寺などの創建・改修などいつもその援助の先頭に立ったのは渋沢であった。神社・仏寺関係者にとり渋沢の存在は「神様・仏様・渋沢様」と拝まれ、頼りにされるいわば打ち出の小槌の恵比須様、福徳の神であったのである。神社・仏寺の創建、改修、社会事業・慈善事業を行うとき巨額の寄付金の募集が大仕事だが、関係者は真先に渋沢に協力を仰ぐのを常とした。渋沢はそれが世のため人のためになると思えば、奉加帳（寄付者名簿）の最初に自分の名と寄付金額を明示して、財界人や企業に回し一人でも多くの人が協賛することを勧めた。この奉加帳方式を始めたのは渋沢である。「財界の太陽」である渋沢が真先に寄付するのだから全員右ならえであった。渋沢を尊敬しない実業家は一人もいなかったが、ある人は「渋沢さんに会うとまた寄付させられる」とぼやいた。

そのほか種々の団体に対する尽力も大きい。理化学研究所、修養団、講道館、少年団、大日本青年協会、温故学会、日仏協会等多くの団体に支援を惜しまなかった。

さらに関東大震災(大正十二年)においては、大震災善後会の副会長、実質的には会長として帝都の復興にこの上ない貢献をした。

渋沢の生涯ほど多忙をきわめたものはあるまい。毎日、目のまわるような多くの仕事をさばき多くの人々に会った。渋沢は毎日午前、二、三時間ほど自宅で人々に面会した。実に色々な人々が渋沢に支援を頼みまた資金の援助を求めてやってきたのだが、渋沢は実業家として世に立ってから亡くなるまでこれを続けたのである。

「非常に多忙の時間を割いて……面会を求めて来る人には、必ず会って談話する。知人としからざるとの別なく、自分にさしつかえなければ必ず面会して先方の注意と希望を聞くことにしている。来訪者の希望が道徳に協っていることと思うならば、相手の何人たるを問わず、その人の希望を叶えてやる」

とても誰にも決してできることではなかった。五十数年間毎日、たゆみなく人々に会い話を聞きあたう限りのことをしてあげた渋沢の誠意と努力は、仏行・菩薩行(人々の悩み苦しみを救うことをつとめとする仏の次に位置する修行者の行為)に等しかった。

亡くなる前年、昭和五年十二月、老衰した渋沢は病床にあった。そこに社会事業家の代表二十人が面会を求めてきた。渋沢は床からはい上り話を聴いた。用件は寒さと飢えに苦しむ窮民が二十万人もいるので、渋沢の力でなんとか政府に働きかけてほしいとの嘆願であった。渋沢はすぐさま大蔵大臣と内務大臣を訪問せんと車の用意を命じた。病身の渋沢を気づかう家族と主治医は危険だと押しとどめたが、渋沢はこう言った。

「先生のお世話でこんな老いぼれが養生しているのは、せめてこういう時の役に立ちたいからですよ。もしこれがもとで私が死んでも、二十万人の不幸な人たちが救われれば本望じゃありませんか」

家族も主治医も返す言葉がなかった。渋沢は死の直前まで世のため人のため最大限の献身をした。家族が心配して何か言うと、決まって「人間を辞職するわけにゆかない」と答えた。まことに神仏のごとき渋沢の慈悲心であった。渋沢は「実業寺の千手観音（千の手と千の目をもって一切の人々を救済する観世音菩薩・観音さま）」と呼ばれたが、後半生は人と生まれた菩薩であったといって賞め過ぎではあるまい。神として祀られてしかるべき偉人であった。

対米国民外交を一身に担い日米親善に尽力

渋沢の生涯について書きおとすことができないのは、対米国民外交における数十年間の尽力である。

明治十二年、グラント・アメリカ前大統領が国賓としてわが国を訪れた。このとき東京府では「東京府接待委員」を設けたが、当時東京商法会議所（後に東京商業会議所）会頭の渋沢が接待委員長をつとめた。グラントは明治天皇に謁見を賜るほか朝野の大歓迎を受けた。渋沢は王子・飛鳥山の邸宅にグラントを迎え盛大にもてなした。以後、飛鳥山邸は民間における迎賓館として五十年以上にわたり優に千名を越える外国賓客を迎え、国民外交の一大拠点となった。

明治三十五年五月、六十三歳の渋沢は兼子夫人（千代夫人病死後の後妻）とともにアメリカ・イギリス・フランス・ドイツなどを訪問した。新橋駅（当時、東京駅はまだない）には、外相小村壽太郎、蔵相曽禰荒助、農商務相平田東助、逓信相

飛鳥山邸　正面玄関（現在の東京都北区西ヶ原）
（『渋沢栄一伝記資料』別巻10より　国立国会図書館 所蔵）

芳川顕正ら各大臣、東京府知事、市長、日銀総裁山本達雄、益田孝、大倉喜八郎、安田善次郎、浅野総一郎ら財界巨頭らが勢揃いし、これに米国公使、英国公使もきて約千五百人もの人々が盛大に見送った。

明治日本経済の大御所（最高指導者）、「財界の太陽」として渋沢の地位、存在がいかに絶大であったかがわかる。渋沢の欧米旅行は公的なものではなく私的な「欧米漫遊」であるにもかかわらずである。

アメリカではルーズベルト大統領始め政財界の有力者と会い、各地を見て回った。そのあと欧州各国を訪れた。渋沢の欧米旅行は無論ただの漫遊ではなく、欧米各国の商工業の現状の視察であった。

日露戦争後、渋沢は小村壽太郎外相の要請で対米国民外交に骨身を惜しまず尽力した。明治四十一年、渋沢は他の財界首脳とともにアメリカ西岸都市の商工会議所代表者五十余名を招待し、飛鳥山邸において歓待した。翌年、アメリカ側から招待を受けて団長として実業団数十名を率い大歓迎された。

排日移民法の衝撃

だがしかし渋沢のこうした努力にもかかわらず、日露戦争後、日米関係は急激に悪化の一途を辿っていった。

アメリカは米西戦争（一八九八）以後、帝国主義に立ちアジア・太平洋の支配を国是（国家の基本方針）と定めたから、満洲への干渉・介入を続け、清・中華民国に肩入れして排日を煽り立てた。アジア・太平洋を支配することにおいて最大の障害物・邪魔者になるのは日本だから、日露戦争後アメリカは、日本への抑圧、敵視の姿勢をあらわにしてじりじりと追い詰めた。その一つの頂点こそ大正十三年（一九二四）の排日移民法であった。アメリカは「自由の国」であり移民で成り立ってきた国だが、日本人の移民はこの法律により全面禁止となる。その背景・根底にあるのは、アメリカ人の非西洋民族に対する人種偏見・人種差別感情である。この排日移民法こそ日本とアメリカの戦い（大東亜戦争）を不可避にした最大の要因である。現在の日本人はこの問題の重大さ、深刻さを十分に理解していないが、排日移民法が当時の日本国民にとりいかに耐えがたい苦痛・屈辱であったかを知る必要がある。渋沢はこの法律が成立する直前こうのべている。

「日本人としては未来永劫（永久の意）劣等視せらるることに相成り、大和民族の不名誉にて我らは将来世界に顔出しすることも出来ず慨嘆の至りに耐えず候」

曽孫渋沢雅英氏は栄一の気持をこう代弁している。

「固唾を呑んで形勢を見守っていた日本にこのニュースが伝わると、深刻な衝撃が全国津々浦々にひろがった。老人も青年も女も男も一様にこの国がかつて受けたことのないような侮辱を受けたことを日本独特のすばやさと正確さをもって感得した。日本人として、人間としてそれは許すことのできないものだった。アメリカは一片の法律をもって数千万の日本人の魂を蹂躙（踏みにじること）した。

カリフォルニアの特殊事情であるというような弁解はもう通用しなかった。今度という今度はアメリカがその文明のすべてを代表し、明らかな悪意をもって日本に投げかけた侮辱であった。『善意ある』アメリカ人がどんなにその意図を否定しようとしても、日本は二度と再びアメリカを信用しようとはしなかった。アメリカのもつ二つの顔のうち、善意の顔は結局見せかけであったことを、そして今日の前につきつけられた顔――醜悪で傲慢な白人のこの顔こそアメリカの本当の顔であることを日本人ははっきりと意識したのである」

日本人を劣等人種とすることを公然と法制化したことは、「数千万の日本人の魂を蹂躙」するこの上ない侮辱と感じない日本人はいなかったのだ。このとき日米関係は最悪の事態に達して、以後もう元に戻ることはなかったのである。

「栄一にとって、それはあまりにも残酷な知らせであった。はじめはそれが誤報であることを心のすべてをもって信じようとした。そんなバカな話があるはずがない。アメリカという国は『建国の当初から正義人道を唱道し（となえること）、自らその範（手本）を全世界に示してきた』国ではないか。野心的な一部の地方政治家の所為（行為のこと）なら知らず、良識ある国会（下院のこと）や上院がこのような決定を下すということは『ありうべからざること』に思われた。しかしその後『詳細な報告に接し一切の事情が判明するに及んで』その期待が裏切られたばかりではなく、自分の二十年来の努力のすべてが水の泡となったことを知った。心が石のように重く、涙があふれ流れるのにも気がつかなかった」

民間人として渋沢ほど日米の友好親善に尽力した人物はいない。渋沢はアメリカが「正義人道」の国であるという建前を信じて、誠意の限りを尽してアメリカの実業家と交際した。しかし渋沢のアメリカとアメリカ人に対する思いは一方通行の片思いであり、「美しい誤解」であったことを骨身にしみて思い知らされたのである。これまで長年の努力が水泡に帰して絶望だけが残された渋沢自身はこう痛嘆した。

「排日移民法がついに国会を通過したということを聞きまして、長い間骨を折って働いた甲斐もないとあまりにも馬鹿らしく思われ、社会がいやになるくらいになって神も仏もないのかというような愚痴さえ出したくなるのであります。……七十年前にアメリカ排斥(尊皇攘夷運動のこと)をしたが、当時の考えを思い続けていたほうがよかったかというような考えを起こさざるを得ないのであります」

排日移民法とは何であったか。当時の日本国民がこれをいかに受けとめたかについての代表的言葉が渋沢の述懐（気持ち、思いをのべること）である。

若き頃、尊皇攘夷の志士であった渋沢の痛恨に満ちた言葉を顧みるべきである。日本にとりアメリカはいかなる国であったか。明治以降、日本はアメリカにひたすら友好親善と協調共存を求め続けた。しかしアメリカはこれを拒絶、公然たる人種偏見・人種差別をもって応え、独立国日本の名誉と尊厳を蹂躙（ふみにじること）し耐え難き侮辱を与えたのである。それは日本に屈従を強要することであり、わが国の存立を否定することであり、それは日本への敵対そのもの、事実上の宣戦布告であったのである。アメリカの日本への実際の宣戦布告は昭和十六年だが、十七年前それはすでになされていたのである。

公に捧げた渋沢の高貴なる生涯

渋沢は青年時、尊皇攘夷の志士であった。アメリカの軍事的威嚇に屈従して国家の尊厳を汚し名誉を失墜した徳川幕府の政治外交を深く憂え、このままでは亡国必至と見て立ち上がったのである。それから六十余年後、再びアメリカからペリーとハリスより受けた以上の屈辱を味わい、わが国が存亡の危機を迎えるに至ると思ったであろうか。最晩年にこうした国難に直面した渋沢の憂国の情の深さが思いやられる。渋沢の生涯を貫いたものはひとえに大和魂に燃える尊皇憂国の武士の心であった。

昭和四年十二月、九十歳のとき、渋沢は天皇より昼食のお招きを受けた。当時、これを「単独賜餐」と言った。天皇陛下は九十年にわたる渋沢の功労に対して特別のねぎらいを賜ったのである。この上ない光栄であった。

昭和六年十一月十日、渋沢は数え年九十二歳（満九十一歳）で大往生した。十一月十四日、弔問の勅使（天皇陛下の御使）並びに皇后、貞明皇太后の御使が来邸された。そうして天皇陛下より「御沙汰書」（天皇のお言葉）を賜った。

高く志して朝に立ち、遠く慮りて野に下り、経済には規画最も先んじ、社会には施設極めて多く、教化の振興に資し、国際の親善に努む。畢生公に奉じ、一貫誠を推す。洵に経済界の泰斗にして、朝野の重望を負い、実に社会人の儀型にして、内外の具瞻に膺れり。遽かに溘亡を聞く。焉ぞ軫悼に勝えん。宜く使を遣わして賻を賜い、以て弔慰すべし。右御沙汰あらせられる。

※**朝**＝朝廷・政府。**資し**＝助力すること。**畢生**＝一生。**洵に**＝誠に。**泰斗**＝最も権威のある人。**重望**＝大きな期待。**儀型**＝模範。**具瞻**＝仰ぎ見ること。**膺れり**＝あたる、うける。**溘亡**＝死去。**軫悼に勝えん**＝死を深く哀悼すること。**賻**＝遺族に贈る金品。**弔慰**＝とむらい慰めること。

昭和天皇の深いお心がこめられた優渥な御諚（手厚いお言葉）であり、渋沢の高貴な生涯を「畢生公に奉じ、一貫誠を推す」のお言葉で深く称賛されたのである。五十数年間「士魂商才」「武士道と実業道の一致」を掲げて近代日本経済の司令塔として、「唯一片の至誠」（渋沢自身の言葉）をもって世のため人のため国の為に不撓不屈の努力を傾け盡瘁した渋沢栄一の生涯は、まことにも気高く尊く偉大であった。

参考文献

『渋沢栄一自伝』角川ソフィア文庫　令和2年
『青淵回顧録』上・下　渋沢栄一回顧録刊行会　昭和2年
『論語と算盤』　渋沢栄一　角川ソフィア文庫　平成20年
『渋沢百訓』　渋沢栄一　角川ソフィア文庫　平成22年
『論語講義』全七巻　渋沢栄一　講談社学術文庫　昭和52年
『渋沢栄一「青淵論叢」』鹿島茂編訳　講談社学術文庫　令和2年
『渋沢栄一92年の生涯』春・夏・秋・冬の巻　白石喜太郎　国書刊行会　令和2～3年
『父渋沢栄一』　渋沢秀雄　実業之日本社　平成30年
『澁澤榮一』　澁澤秀雄　時事通信社　平成30年
『太平洋にかける橋―渋沢栄一の生涯』　渋沢雅英　読売新聞社　昭和45年
『渋沢栄一』　土屋喬雄　吉川弘文館　平成元年
『渋沢栄一』Ⅰ・Ⅱ　鹿島茂　文藝春秋　平成22年

第二話　渋沢栄一——近代日本の発展に尽した「財界の太陽」

『渋沢栄一伝』　幸田露伴　岩波文庫　令和2年
『渋沢栄一』　別冊太陽　平凡社　令和3年
『渋沢栄一—日本のインフラを創った民間経済の巨人』　木村昌人　ちくま新書　令和2年
『渋沢栄一伝—道理に欠けず、正義に外れず』　井上潤　ミネルヴァ書房　令和2年
『渋沢栄一—近代社会の創造者』　井上潤　山川出版社　平成24年
『小説渋沢栄一』上・下　津本陽　幻冬社文庫　平成19年
『雄気堂々』上・下　城山三郎　新潮文庫　昭和51年
『渋沢栄一近代の創造』　山本七平　祥伝社　平成21年
『渋沢栄一を知る事典』　渋沢栄一記念財団　東京堂出版　平成22年
『渋沢栄一』　ポプラ社　平成20年
『児玉源太郎』　宿利重一　国際日本協会　昭和17年
『強欲資本主義ウォール街の自爆』　神谷秀樹　文春新書　平成20年
ほか

第三話

昭和天皇
——喜びも悲しみも民と共にして

昭和天皇

明治34年(1901)～昭和64年(1989)
第124代天皇。御名は裕仁(ひろひと)、称号は迪宮(みちのみや)(肖像写真：宮内庁提供)

1、至誠（しせい）と謙虚（けんきょ）と慈愛（じあい）——至高（しこう）の人格

世界の人々の日本への尊敬と憧れ

今日、世界で一番人気のある国は日本である。その理由は日本が世界で最も古く尊い比類（ひるい）なき歴史・伝統・文化・文明をもつ国であるからである。この日本の歴史・伝統・文化・文明の核心・象徴こそ天皇の存在である。アメリカ人のケント・ギルバート氏は著書（『天皇という「世界の奇跡」をもつ日本』）でこうのべている。

「戦後の日本人にとってその意識は低いかもしれませんが、少なくても日本という国に対して外国人が多大な尊敬や憧れを抱くのは神話の時代から続く天皇の存在があってこそです。そのような感覚は、イギリスの王室には感じられません。日本にとって天皇とは、国の存続を左右する根幹であり、それほど重い存在です。そのことを多くの日本人が理解していないことが、現在の日本にとって大きな問題だと考えています」

このようにギルバート氏は、天皇が神話の時代に起源をもつ世界で唯一の「万世一系」（初代の神武天皇の血統が今日の第百二十六代天皇まで約二千七百年間途切れることなく続いていること）の貴重にして稀有なる奇蹟の歴史を有し、その歴史と伝統のゆえに、外国人は日本に尊敬と憧れを抱くと言うのである。現在、世界には王制の国が二十七ヵ国あるが、わが国のように神話に起源を持つ国は他にない。二番目に古い歴史を持つのはデンマークだが約千年余りであり、現王室は十九世紀後半からである。次に古いのはイギリスで九百数十年だが、清教徒革命（十七世紀）で王制は一度廃絶している。なぜわが国のみ「万世一系」という「奇蹟」がありうるのだろうか。有名な小説家だった松本清張（まつもとせいちょう）はこうのべている。

「天皇家を超える実力者は多く現われている。特に武力を持つ武家集団、平清盛（たいらのきよもり）でも源頼朝（みなもとのよりとも）でも北条氏（ほうじょうし）でも足利氏（あしかがし）でもまた徳川氏でも、なろうとすればいつでも天皇になれた。なのにそれをしなかった。どうして実力者が天皇にならなかったか。誰もが知りたいことだが、だが歴史家はこれを十分に説明してくれない。学問的に証明できないのだという」

この疑問に対する答えの一つを私は既に、『日本の偉人物語2』の吉田松陰（よしだしょういん）の物語で示した。なぜわが国だけが神話の昔から国家の中心者として天皇が断絶（だんぜつ）なく、革命（かくめい）なく連綿（れんめん）として存続してきたかにつき、昭和天皇の物語においてあらためてのべてみよう。

昭和天皇は大東亜（だいとうあ）戦争と敗戦、アメリカによる占領統治というわが国歴史における最大の国難時に在位（ざいい）された天皇であった。昭和天皇はかつてない敗戦・占領統治（とうち）という大国難において、国家の運命を担（にな）う最高指導者としていかにしてこの国難を乗り越えることが出来たかがこの物語の主題（しゅだい）である。

昭和天皇と乃木希典

昭和天皇は明治三十四年(一九〇一)四月二十九日、皇太子嘉仁親王(大正天皇)の第一男子として御誕生した。御母は節子皇太子妃(貞明皇后)である。御名は裕仁、称号は迪宮と申し上げる。

ご幼少の頃(宮内庁提供)

心身ともすこやかに成長された裕仁親王は明治四十一年、学習院初等科に入学された。学習院長は日露戦争における救国の英雄乃木希典陸軍大将である。乃木を学習院長に任命されたのは明治天皇である。『日本の偉人物語4』でのべたように、明治天皇は臣下中最も乃木の人物を高く評価し誰よりも信頼して、将来皇位につく裕仁親王をご輔導(助け導きご教育すること)すべき最適任者は乃木以外になしとして任ぜられたのである。明治天皇はその際、

「お前は二人の子供を失って寂しいだろうから、その代り沢山の子供を授けてや

ろう」
と仰せられ、次の御製（天皇が詠まれる和歌）を賜った。

いさをある　人を教への　おやにして
　おほしたてなむ　やまとなでしこ

（日露戦争に大功を樹てた乃木よ。学習院長として裕仁親王を始めとする子供たちをいつくしみ立派に育て上げておくれ。）

信頼と親愛のお心が満ち溢れている。乃木は恐れ畏みつつ拝受して、この聖なる務めに一身を捧げた。親王は乃木を深く敬愛され、乃木の真心のご輔導に誠意をもってこたえられた。親王は乃木に対して常に「院長閣下」とお呼びし、何かにつけて「院長閣下は……」「院長閣下が……」と言われた。制服や靴下などに綻びが出てお側で奉仕する女官が新品にとりかえようとすると、
「院長閣下が着物の穴のあいているのを着てはいけないが、つぎのあたったのを

着るのはちっとも恥じゃないとおっしゃったから、穴のあいたのにはつぎをあてておくれ」と言われた。晩年、昭和天皇は、「私の人格形成に最も影響があったのは乃木希典学習院長」と語られている。

明治四十五年七月三十日、明治天皇が崩御なされた。この時、学習院長だった乃木は、静子夫人とともに殉死（主君が亡くなった時、臣下がそのあとを追って自決すること）をとげた。九月十三日の殉死の三日前、乃木は皇太子となられた裕仁親王に、ひそかに万感の思いをこめたお別れのご挨拶をした。その際、山鹿素行の『中朝事実』と三宅観瀾の『中興鑑言』の二書を、将来皇位に立たれる上にご参考にして下さいませと差し上げた。皇太子殿下は乃木のいつもとは何か異なる様子を感じられて、「院長閣下はどこかへ行かれるのですか」とたずねられた。

乃木は最も信頼を受け恩寵（神仏や君主が恵みある愛を与えること）を賜った明治天皇のみ跡を慕って殉死を遂げた。このとき十一歳の殿下は稀有の忠臣であり「教えのおや」である学習院長乃木希典の殉死に、名状に尽しがたい感銘を受けられた。昭和天皇が年少時、乃木にご薫陶を受けられたことは、その人格形成に決定的影響をあたえずにはおかなかったのである。

昭和天皇と東郷平八郎・杉浦重剛

学習院初等科を終えられた皇太子殿下は、大正三年、新たに設けられた東宮御学問所（東宮とは皇太子）において同十年まで七年間学ばれた。十二歳から十九歳までである。

東宮御学問所総裁は乃木希典と並ぶ国民的英雄である元帥海軍大将東郷平八郎である。次の天皇として立たれる皇太子をご輔導する東宮御学問所総裁は、乃木希典亡きあとその最適任者は東郷平八郎のほかにないことは衆目の一致するところであり、またそれは東郷を親愛してやまぬ大正天皇の深い思召しであった。東郷は自分ごとき者は到底その任にあらずとして拝辞せんとしたが、大正天皇の御心に深く感激して乃木同様、恐れ畏みつつ拝受したのである。そのとき次の歌を詠んだ。

おろかなる　心につくす　誠をば
　見そなはしてよ　天つちの神

（愚かな私ではありますが、天皇陛下の思召しを拝し誠の限りを尽してこの聖なる務めを果して参ります。天地の神様何とぞ私を正しくお導き下さいませ。伏してお願い申し上げます。）

皇太子殿下は御学問所において学習院初等科時同様、誠実、真面目、勤勉そのものに精励されたことはいうまでもない。殿下には御学問所でのご勉学のほかに、各地への行啓（皇后・皇太子・皇太子妃などが外に出かけられること）のお務めがあった。しばしば軍艦にお乗りになったが、いつも必ず東郷がお供した。大正五年三月、皇太子殿下は駆逐艦にて沼津から伊豆の戸田まで往復されたが、その日風強く波が激しく船は大きく揺れた。そこで東郷は幾度か艦長室でご休息下さいませとお勧めしたが、このとき十四歳の殿下はこれを断り、終始老将東郷とともに凜然（勇ましくりりしいさま）として艦橋に立たれた。感激した東郷は、「かくのごとき長時間は海軍の将校でもすこぶる疲労を覚ゆるのに、さらにご倦怠（あきてきて疲れること）のご模様もあらせられないご勇気とご忍耐とはただただ有難き極みである」と語っている。皇太子殿下にとり日本海海戦の英雄・古今東西随一の海将東郷平八郎とともに艦橋に立ち続けたことは、心躍る体験であったに違いない。

大正七年七月のある日、皇太子殿下が新宿御苑を散策されていたとき、路上に大きなみみずが日光にさらされて苦しんでいた。おつきの一人がとなりの同僚に何気なく、「みみずは土中にいれば無事なのに、なまじ地面に出てくるから日光に当って苦しむのだ」と私語したところ、殿下はそのみみずをつかみ木陰にそっと放った。後にこのことを聞いた東郷は「さても崇き御心かな。御仁慈小虫にまで及ぶことの有難さよ」と感泣した。

御学問所の学問の中で最も重要な倫理をご進講したのは当時一世の師表（人々

の模範となる人）と仰がれた杉浦重剛である。杉浦は「帝王学」をご進講したが、ある人から「帝王学とはいかなる学問ですか」と問われたとき、言下に「至誠（まこと・真心）の学問じゃ」と答えた。杉浦は皇太子殿下についてこうのべている。

「荘厳にして雄大なる君徳（君主が身につけるべき道徳）をば、ご参考となるべき古今東西の格言、及び実例につき御進講申し上ぐるに、ただに善くその要領を御会得遊ばさるるに止まらず、ご自発（自然にまたは進んで自分から行うこと）の御見識御高邁（気高くすぐれていること）なる、ひたすら欽仰（敬い仰ぐこと）の外なし。……観察の及ぶ限りにおいては、一々ご実行遊ばさるるを見るなり。不肖（自分のことを謙遜していう言葉）三十八年間高等普通教育に従事し、万をもって数うべき天下の英才に接触したけれども、未だ曽て見ざるところのご性格なり」

「杉浦など御指導申し上げたなどとは以ての外で、始終御指導を仰いでいたような気がしてね。唯もう戦々兢々（深くおそれおののくこと）と寝ても覚めても……。だが恐れながら満点以上であらせられるので、杉浦も始めてどうやら及第（倫理御進講の役目を果たしたこと）したような安心を感じましたよ」

また歴史を担当した白鳥庫吉はこうのべている。
「殿下には謙譲の美徳を有し給い、出仕（御学問所の五人の学友）に対しまた御学問所員に対しても毫も（少しも）放恣（わがまま、おごり）なるご念慮（思い、考え）なく、かえって謙遜のご態度に出らるるなど恐懼（深く恐れいること）し奉るほかない。……そして殿下のご美徳は単にご学事に限らず、出仕とご遊戯（種々の遊び・運動）その他日常の御有様を伺うに、誠にさらりとして何等のわだかまりもあらせられず、至極ご快活ながらそこにまた言うに言われぬご温情をこめられてもっともご仁徳に富ませられている。これ殿下の尊き所以（理由・いわれ）にて、不肖は常にこれらのことを繰り返しては心中感激を禁じ得ないものがある」

以上の話に若き日の裕仁親王のお姿がありありとうかがわれる。昭和天皇は年少時より、至誠・謙虚・慈愛の御心深い比類なく徳高きお方であったのである。それは天性であるが、同時に乃木・東郷・杉浦らが精根こめてご輔導の任に尽したことが、昭和天皇の人格を玉成（立派に完成させること）せしめる上に預って力あった。

昭和三年（一九二八）十一月、昭和天皇即位の御大礼（ごたいれい）並びに大嘗祭（だいじょうさい）（天皇が即位の後、初めて行う新嘗祭（にいなめさい）を呼ぶ。新嘗祭＝天皇が稲の収穫に感謝し新穀を天照大御神に献げ共にこれを食する皇室第一の祭儀）が京都御所（ごしょ）にて挙行（きょこう）された。これに参列した東郷平八郎はその喜びをこう語り、次の歌を捧げた。

「誠に結構でした。天皇陛下の御音声のお高いこと、御態度（おたいど）のお立派なこと、何とも申し上げようのない喜ばしいことです」

天津日（あまつひ）も　けふ（きょう）の御典（みのり）を　ことほぎて
千代（ちよ）万代（よろづ（ず）よ）に　ひかりかがやく

※天津日＝太陽。　御典＝即位の御大礼、大嘗祭。

とこしへ（え）に　御代（みよ）しろしめす　大君（おほ（お）きみ）の
たふとき（とうとき）御典（みのり）　仰（あふ（お））ぐかしこさ

即位の御大礼（宮内庁提供）

荒天下の分列式

昭和天皇即位の御大礼並びに大嘗祭が厳かに挙行された昭和三年の十二月、東京府において、数々の奉祝行事が行われた。その一つが府下の大学、高等学校、中学校、青年訓練所の男女学生及び在郷軍人約五万と近隣四県（埼玉・千葉・神奈川・山梨）の三万総計八万名の分列式及び女子の奉祝歌奉唱という行事であった。

行事は十二月十五日行われたが、その日は近年稀な大雨でかつ強い風が吹き荒れたのである。分列式は皇居前広場で行われた。昭和天皇はこれに先立ち、もし雨が降ったならば青年学生たちには遠慮なく雨具を着用させること、またいかなる大雨でもお立ち台には天幕を張らぬことを指示された。ところがあまりにも雨風が激しいので、二重橋前の玉座（天皇の立たれるところ）にはやむなく天幕が張られた。宮内大臣は陛下の身を思いぜひとも天幕の中にお入り下さいと懇願したが、天皇陛下はお聞き入れにならず、天幕はとり除くよう指示された。宮内大臣はせめて雨具の外套はお着用下さいとお願いしたところ、「それは着よう」とお答えになられた。

分列式の始まる一時間ほど前、玉座の天幕が撤去された。会場には内閣総理大臣始め各大臣、陸海軍の将帥、外国大使ら多くの人々が陪観席（天皇につき従い見るための席）を埋めていた。天幕の撤去を見て人々は式が中止になるのかと心配した。この式典の主務官である木下道雄侍従が、天皇陛下の思召しによって撤去している旨をのべると、式典の一員たる若い陸軍将校は非常に感激してそのことを陸軍の本部に伝えた。すると直ちに騎馬兵数組が皇居前広場及び周辺に集結している八万名の青年学生たちに、陛下の思召しにより玉座の天幕撤去との旨を伝達したのである。

当日、朝早くから八万の人々は路上に立ったまま大雨に打たれ寒風にさらされて式の開始を長い間待っていたが、体は濡れて冷えきっていた。そこにこの伝令の声を聞いたのである。皆が濡れるなら私も濡れようとの陛下のみ心に、感激の嵐が起り全員が外套を脱いでしまった。

午後二時、天皇陛下は二重橋正面から自動車で到着した。一侍従が直ちに陛下に外套をおかけした。しかし陛下は玉座に上られるやいなや外套を後ろにお脱ぎ捨てになった。陛下は八万の青年学生が皆雨具を着ていないのを見とめられたからである。陛下が玉座に立たれるや、君が代の軍楽、全員の捧げ銃が行われ、会場は一瞬にして厳粛な空気に包まれた。

八万の青年学生は自分らが雨具を着ていないのをご覧になった陛下が、直ちに雨具を脱ぎ捨てられたとき感激は頂点に達した。それから歩武（足どり）堂々の分列行進が開始された。主務官木下道雄侍従はその有様をこうのべている。

「紅潮した顔で、外套を左わきに抱え、右肩に銃を担った異様な姿で、大地もくだけよとばかり、靴音高く、ザックザックと感激に満ちた眼光で、陛下を見上げながら玉座の前を通過していった青年集団の張り切った姿を私は今でも忘れない」

分列式の一時間二十分間、天皇陛下は玉座の前を通過する各集団の敬礼に挙手の礼を賜った。手をお挙げになる以外微動だになされなかった。玉座の後方にいた木下侍従らは雨風の寒さが身にしみて胴奮いが止まらず、やたら足を踏んで堪えていたのである。式典終了後、玉座に敷いてあった絨毯には砂のついた陛下の靴の痕が、少しも乱れず六十度の角度で残されていた。この分列式の参加者の声を掲げよう。

「何という有難き大御心であろう。遙かに玉座の方を仰げば、今まであった天幕は取り外されて、白布を以って掩われた玉座は雨に打たれている。これを拝した吾等の感激は真に絶頂に達し、暫く感涙を止むることが出来なかった」（一中学生）

「天幕を　とり払へとの　御言葉に
　若人の顔　かがやきにけり」（女学校長）

「雨おほひ（おい）　皆取（と）り去（さ）れと　宣（のたま）ひ（い）ぬ
　寒き雨風（あめかぜ）　物（もの）の数（かず）かは」（訓練所指導員）

「号令（ごうれい）も　歩調（ほちょう）も　軍楽（ぐんがく）も聞こえない。拝観（はいかん）の人達も何も見えない。天皇陛下と私だけの外（ほか）、何ものも意識されなかった。そして御姿（おすがた）はしっかり拝（おが）めたが涙がボロボロと出て、御顔のほどはしかと拝（はい）し得（え）なかった」（一中学生）

2、終戦の御聖断
——昭和天皇だけが戦いを終らせることができた

昭和の国難

日本の歴史において昭和の時代ほど困難に満ちた時代はなく、幕末・明治維新を上回る最大の国難を経験した。日露戦争後、一躍世界的強国として登場した日本を将来打倒すべき不倶戴天の仇敵（ともにこの世に生きない憎むべき敵）として、わが国を徹底的に圧迫、抑圧し続けたのがアメリカであった。

日露戦争前後から顕著になったカリフォルニアにおける度重なる日本人移民の排斥、満洲をアメリカの勢力下におかんとする策謀（ハリマンの満鉄買収工作・ノックスの満洲鉄道中立化工作等）から始まり、第一次世界大戦後結成された国際連盟におけるわが国の人種平等の提議の拒絶、ワシントン会議における日本抑圧、排日移民法、ロンドン海軍軍縮条約における日本の海軍力削減、満洲事変における「スチムソン・ドクトリン」（日本の満洲における正当な地位、権益の否定及び満洲国不承認。つまり日本に対する公然たる敵対挑戦そのもの。この「スチムソン・ドクトリン」を継承したのがフランクリン・ルーズベルト大統領である）、支那事変における中立に違反しての膨大な軍事援助とアメリカ軍人の派遣（つまりアメリカは真珠湾攻撃以前にシナに加担してわが国に参戦していた）、日米通商航海条約の破棄、在米日本資産の凍結と石油の全面禁輸（昭和十六年七・八月、このアメリカの行為が日本への実質的宣戦布告であった）、そうして止めが日本が絶対に承諾することが不可能な「ハル・ノート」（昭和十六年十一月二十七日）の突きつけであった。

日露戦争以来三十数年間、アメリカはわが国をかくも侮蔑し憎悪し敵視し続け必ず打倒せんとの執念の下に、ついに対日戦争を断行したのである。それが大東亜戦争である（この戦争については『日本の偉人物語』の続巻においてさらに詳しくのべる）。

明治維新後の近代日本の歴史を深く顧みるならば、非西洋人を劣等人種と蔑み人間以下の動物視する欧米人の代表アメリカとの戦いは到底避けることが不可能な宿命的な戦争であったといえよう。

しかしながら昭和天皇は、アメリカがかくも無法不正な圧迫を加えても極力、対米戦争を回避せんとして最後の最後まで必死の和平努力を傾注された。対米開戦がいよいよ避け難い段階にいたった九月上旬の御前会議（天皇陛下御臨席のもと政治・軍事の最高指導者による国策決定の最重要会議）において、天皇は明治天皇の次の御製を詠み上げられた。

よもの海　みなはらからと　思ふ(う)世に
など波風の　たちさわぐらむ(ん)

昭和天皇はかくも対米和平を希求されたが、アメリカにはこのお心に応える意志は毛頭（少しも）なかった。何が何でも日本に挑戦し天皇を戴く日本をこの地上から抹殺したいという悪魔というしかない心の持主であるルーズベルト大統領がいる限り、日米戦争は避けようがなかったのである。

天皇について触れなかったポツダム宣言

陸海軍将兵の不撓不屈の奮戦死闘、全国民の奉仕尽力にもかかわらず、わが国はポツダム宣言を受諾して痛恨極りない敗北を喫した。原爆投下と日本全土に対する無差別爆撃により、約百万人もの罪なき一般国民が虐殺されて、約七年間アメリカの占領統治を受けたのだからこれ以上の苦痛と屈辱はなく、日本建国以来最大の悲劇、不幸でありこの上ない艱難辛苦の逆境であり、これほどの国難はほかになかった。このわが国始まって以来の大国難に、命を投げ出されて国家国民を救われたお方こそ昭和天皇であった。

アメリカがわが国に降伏を要求するポツダム宣言を出したのが、昭和二十年七月二十六日である。このポツダム宣言を受諾するか否かにつき、わが国の政治・軍事の最高指導者の意見は真っ二つに分かれた。

ポツダム宣言は全部で十三ヵ条、わが国に対する条件付降伏（有条件降伏）要求であり、無条件降伏要求ではなかった。当初、アメリカは日本に対して無条件降伏を要求していた。無条件降伏要求の眼目は何であろうか。アメリカにとり最強最大の難敵は日本であった。日本軍はペリリュー島・硫黄島・沖縄や神風特攻・回天（人間魚雷）特攻等においてとうてい人間業とは思われない想像を絶する戦いをやり抜いた。この真に恐るべき日本を再び敵にしない為には、日本という国家を根本から解体しなければならないとアメリカは考えた。日本を二度と立ち上がらせず永久にアメリカの隷属国とする為にはどうすればよいか。日本人の強い精神性・大和魂の根源、日本民族団結の核心である天皇を永久に廃絶・抹殺するしかないと思ったのである。

日本から天皇・皇室がなくなったら、そこには真の日本はなく亡国そのものである。建国以来「万世一系」の天皇がなくなったならば、もう日本人として生きる自覚・悦び・拠り所・生き甲斐・誇りは一切消え失せる。それゆえ日本人は命を捧げて玉砕（全滅）と特攻の死闘まで行ったのである。ペリリュー島・硫黄島・沖縄での戦いにおいてアメリカ軍の損害は日本軍を上回った。アメリカが無条件降伏を求めて日本本土に侵攻した場合どうなるか。本土には約二百五十万名もの日本軍が未だ健在だったから、アメリカ軍の犠牲は百万や二百万では済まなくなる。もしそれほどの大損害を出したなら、アメリカ国民は大統領や軍部首脳を絶対に許さないだろう。そこでアメリカはやむなくしぶしぶ無条件降伏要求を引っこめ、有条件降伏に変更したのである。

ポツダム宣言を簡潔にいえば、アメリカは天皇・皇室の存続を容認するから、日本は降伏せよ。決して無条件降伏ではないということである。ところがポツダム宣言十三ヵ条には、天皇につき一言半句も明言していなかったのである。天皇の存続につき暗黙の容認という悪辣な手を使うのである。そこには恐るべき魂胆が秘められていた。

もし天皇の存続を認める条項があるならば、日本がすぐにポツダム宣言を受諾してしまうのは確実であった。アメリカには日本にそうされては困るわけがあった。アメリカは同年七月十六日、原爆実験に成功したが、すぐさま原爆を日本に投下することを決定し、ポツダム宣言を出す前日七月二十五日、トルーマン大統領はアメリカ軍に投下命令を下していた。日本に投下する時期は八月上旬に予定された(広島八月六日、長崎八月九日)。日本人を人間とは見なさなかったアメリカはどうしても原爆を落して人体実験を行い、その効能を試したかったから原爆投下完了まで、日本に降伏させてはならなかった。そこでポツダム宣言に天皇に関する条項を入れず、日本側に疑問を抱かせて即時の受諾をさせないようにしたのである。そうして日本が受諾するか否か迷っている間に、原爆を落したのである。これがアメリカという国が日本に対して行ったことである。天人ともに決して許されざるこの上ない史上最大のアメリカの国家犯罪であったことを日本人は肝に銘じなければならない。

受諾か否か――三対三に分かれる御前会議

昭和二十年八月十日、御前会議が開かれた。出席者は昭和天皇のほか総理大臣・外務大臣・陸軍大臣・海軍大臣・参謀総長（陸軍軍令の総責任者）・海軍軍令部総長・枢密院議長（国家が結ぶ条約等につきその可否を審議する責任者）の七名である。

ポツダム宣言受諾に賛成したのは、東郷茂徳外相始め三名（他に海軍大臣・枢密院議長）である。東郷は、ポツダム宣言は天皇について何も書いてはいないが、それは容認を意味しているので天皇・国体が守られるならば日本はこれを受諾すべきという意見である。

一方、阿南惟幾陸軍大臣と参謀総長・海軍軍令部総長は、ポツダム宣言に天皇について何ものべていないことに強い不安と危惧（あやぶみ恐れること）を表明した。ポツダム宣言をこのまま受諾すれば、日本はアメリカに占領される。日本の軍事力・武力が一切奪われ丸裸にされ抵抗する術がない状態（ポツダム宣言は日本の軍事占領・日本陸海軍の解体等極めて厳しい条件をのべている）で、もしアメリカが皇室に手をつけ天皇を廃絶せんとした場合、一体どうするのか。それゆえアメリカに明確に天皇の存続・国体の護持を容認することを正式に文書にて約束させよ。アメリカがそれを拒否する限りポツダム宣言受諾に反対し継戦あるのみとの意見である。もっともな意見であり正論であった。アメリカの魂胆に対する阿南の危惧は決してあやまっていなかったことはあとで明らかになる。阿南は昭和天皇の侍従武官をつとめたこともあり、天皇は阿南が忠誠一筋の真に立派な軍人であることをかねてより深く認められていた。

　意見は三対三に分かれた。両者の意見は鋭く対立し、一致を見なかった。残る一人は首相の鈴木貫太郎である。鈴木は受諾に賛成であったが意志を表明しなかった。いや出来なかった。四対三の多数決で決定するには事は余りにも重大であった。従来、御前会議で国家の重大事を決定する場合、全員一致を原則としていた。日露戦争や大東亜戦争の開戦がそうであった。鈴木は阿南の人物をよく知りその主張の正当性も理解できたので、多数決で押し切ることをせず、異例の措置ではあったが、天皇陛下の思召しを以て最終決定するしかないと判断したのである。

わが国は昔から衆議・公論により物事を決してきた。神代の時からそうだった。聖徳太子の時代も「憲法十七条」でそれをうたっている。五箇条の御誓文もそうである。上古から今日まで、天皇の専制独裁はなく、日本流の和にもとづく話し合いの政治が日本の伝統であった。それゆえこの場合も国家首脳部の意見が一致して国是が決定されなければならないのだがそれができなかったのである。それほど困難を極めた日本の運命を決する重大事であったのである。

御聖断下る

昭和天皇は「自分の意見は外務大臣の意見に同意である」とのべられ、ポツダム宣言受諾を決断された。その時、各自の机の上にある書類に涙がしたたり落ち、すすり泣き、号泣の声が皇居内地下室の静寂を破った。世界に稀有の歴史伝統を誇る天皇を戴く日本が初めて敗北し、外国の占領というこの上なき屈辱を受ける最大悲劇に皆悲憤の涙を流し男泣きに泣いたのである。お言葉はもうこれで終りかと思ったところ、陛下は「念の為に理由を言う」と次のようにのべられた。

「大東亜戦争が始まってから陸海軍のしてきたことを見ると、どうも予定と結果とが大変違う場合が多い。いま陸軍、海軍では先ほども大臣、総長が申したように本土決戦の準備をしており勝つ自信があると申しているが、私はその点について心配している。（中略）

このような状態で本土決戦へ突入したらどうなるか。私は非常に心配である。あるいは日本民族はみんな死んでしまわなければならなくなるのではなかろうかと思う。そうなったら、どうしてこの日本という国を子孫に伝えることができるか。私の任務は祖先から受け継いだこの日本という国を子孫に伝えることである。今日となっては一人でも多くの日本国民に生き残ってもらい、その人たちに将来再び起ち上ってもらうほかにこの日本を子孫に伝える方法はないと思う。

それにこのまま戦争を続けることは世界人類にとっても不幸なことである。もちろん忠勇な軍隊の武装解除や戦争責任者の処罰など、それらの者はみな忠誠を尽した人々で、それを思うと実にしのびがたいものがある。しかし今日は、そのしのびがたきをしのばなければならない時だと考えている。私は明治天皇の三国干渉の時のお心持ちも考え、私のことはどうなってもかまわない。堪え難いこと、忍びがたいことではあるが、この戦争をやめる決心をした」

天皇陛下はこのとき一語一句を絞り出すように言われた。お言葉は何度も途切れた。これを拝聴する首相始めの人々は涙を流し続けしゃくり上げて泣いた。陛下も目に涙を一杯浮かべられ、涙は頬を伝わって流れ落ちた。

このポツダム宣言を受諾する終戦のご決断を「御聖断」という。御聖断におけるお言葉の中で、最も重要なところは二つある。一つはこのまま戦いを継続すれば「日本民族はみんな死んでしまわなければならなくなるのではなかろうか」である。これはアメリカが無差別爆撃を全土で行い非戦闘員たる一般国民を殺戮し続けていることを指摘している。アメリカは日本が降伏しない限り無差別爆撃をことんやり続け、出来ることならば日本民族をこの地上から絶滅することを願望していた。許されざる恐るべき考えだがアメリカのこの「日本民族絶滅政策」の根底にあったのが、非西洋人を「人間以下」と見る骨の髄まで染みこんだ人種偏見であったのである。一般国民・罪なき非戦闘員を殺すことは言うまでもない重大な戦争犯罪であり、これを運動競技に例えるなら絶対にやってはならない「反則」である。アメリカは反則をやり続けて日本を打ちまかしたのだから、本来ならば反則負けである。アメリカは最も不正な汚い禁じ手を使って勝ったが、それは国家として人間として最も恥ずべき行為であった。

昭和天皇はアメリカの「日本民族絶滅」の意図をしかと見抜かれた。このまま戦争を継続すれば、アメリカは無差別爆撃を続ける。そうなれば国民の死は数知れないことになる。日本国民の父母であるところの天皇として、この無差別爆撃による国民の虐殺に悶え苦しみ心から憂えられ、到底これを黙過（だまって見のがすこと）することに耐え難く思われたのである。アメリカの非道無法、残虐そのもののやり方は決して許されないが、戦争が続く限りアメリカはそれをやめることはありえない。それゆえもうこれ以上無実（罪のないこと）の日本国民を死なせないために、ポツダム宣言を受諾する以外にないと判断されたのである。

そしてこの御聖断の根本にあったのが、「私のことはどうなっても構わない」という大御心であった。決死の覚悟をなされご自分の命を投げ出されて、国家国民を救わんとなされたのである。このとき阿南陸相らは、アメリカに対して天皇存続を容認する約束をとることなしに宣言を受諾したなら、国体は護持し得ないと深憂（大きな心配）して反対した。阿南は当時の陸軍将帥中最も人格高い立派な人物で、最後に敗戦の責任を一身に背負って割腹自決を遂げた真に天皇と国家を思う忠臣であった。阿南は受諾に反対したが、昭和天皇の御聖断に号泣して従ったのである。

御聖断の結果、八月十一日、わが国はポツダム宣言の受諾をアメリカに通告した。その通知文は次の通りである。

「対本邦共同宣言（ポツダム宣言）に挙げられたる条件中には、天皇の国家統治の大権を変更するの要求を包含し居らざることの了解の下に帝国政府は右宣言を受諾す」

阿南陸相らが最も懸念した天皇の国家統治の大権（大日本帝国憲法第一条「大日本帝国は万世一系の天皇之を統治す」）つまり国体の変更を求めているものではないと日本政府は了解してポツダム宣言を受諾したのである。わが国としては全く当然の言い分である。これが認められないならポツダム宣言を断じて受けいれることが出来ないのは、受諾賛成派の人々も同様であった。

翌八月十二日、アメリカから回答が来た。国務長官バーンズの名により出されたから、「バーンズ回答」とよばれる。次の通りである。

「降伏の時より、天皇及び日本国政府の国家統治の権限は、降伏条項の実施の為その必要と認むる措置を執る連合国最高司令官の制限の下に置かれるものとす。（中略）最終的の日本国の政府の形態はポツダム宣言に遵い、日本国国民の自由に表明する意思に依り決定せらるべきものとす」

アメリカはまず第一に、日本政府の「天皇の国家統治の大権を変更するの要求を包含せず」との了解に対して承諾せず、文書においても口頭においても明確に天皇の存続は認めるという言質（証拠となる言葉）を決して与えなかったのである。

のみならず、天皇と日本国政府は日本を占領するアメリカの最高司令官の「制限の下に置かれる」というのである。「制限の下に……」とは外務省の翻訳語だが英語原文の正確な意味は「隷属（れいぞく）する」である。分りやすくいうと召使（めしつか）いが主人の言う通り完全に従属するということである。

　そして「最終的の日本国の政府の形態はポツダム宣言に遵（したが）い、日本国国民の自由に表明する意思に依（よ）り決定せられるべきものとす」という条項こそ、アメリカが仕掛（しか）けた日本解体（かいたい）の恐るべき爆弾であったのである。既述（きじゅつ）したようにアメリカは無条件降伏を執拗（しつよう）に求め天皇を廃絶（はいぜつ）して皇国（こうこく）日本を永久に抹殺（まっさつ）したかった。しかしそれはかなわず、やむなく天皇の存続を暗黙裡（あんもくり）に容認（ようにん）するところの条件付降伏に変更せざるを得なかった。しかし現在それは出来ないにせよ近い将来、何（なん）としても天皇を日本からなくしたかった。アメリカはポツダム宣言において占領期間を明示（めいじ）しなかった。アメリカは日本弱体化政策において、日本民族の強靭（きょうじん）な大和魂（やまとだましい）を根こそぎにするまで占領を継続するつもりでいた。憲法を変え、教育を変え、日本を侵略国として断罪（だんざい）する東京裁判を行い、日本人の魂と誇りを完全に奪い去ることが出来れば、「日本国国民の自由に表明する意思」により、日本人自らの手で天皇・皇室を永久に廃絶することができると考えたのである。

アメリカの強力な日本弱体化政策、言い換えると日本人の精神的非武装政策に洗脳されて日本人がみなアメリカかぶれになり、自由・平等・民主主義を建前とするアメリカ的価値を盲信し、これに反する非民主的で古くさい陳腐な天皇なんかもういらない、廃止せよとなって実質的にアメリカの五十一番目の州となりアメリカの完全な隷属国・保護国となることこそアメリカが強く願望してやまなかったことである（それが「ウォー・ギルト・インフォメーション・プログラム＝ＷＧＩＰ」とよばれる日本が侵略戦争を行った犯罪国家であるという日本国民に対する思想洗脳工作である）。これがバーンズ回答にこめられたアメリカの恐るべき魂胆、策謀であったのである。アメリカは決して生やさしい相手ではなかった。原爆と焼夷弾で約百万人もの日本人を平然と焼き殺し尽していささかも罪悪感を抱かなかったアメリカの最終目的は、日本を日本たらしめている核心である天皇の永久廃絶にあったことを知らねばならない。

身はいかになるとも万民を助けたい――昭和天皇だけができたご決断

バーンズ回答は日本に深い衝撃を与えた。そもそもわが国はアメリカが無条件降伏要求を取り下げて、天皇の存続を容認するところの有条件降伏要求と理解したからこそ降伏したのだから、この回答は唯一の条件であった「国体(天皇を国家の中心に戴く日本の国の根本のあり方)護持」が拒絶されたと解釈できた。ポツダム宣言受諾に賛成した鈴木貫太郎首相でさえ、「この回答文では国体護持が確認されないし……再照会してみよう。もし聞かれざれば、戦争を継続するもやむをえない」とのべている。

阿南陸相らが国体護持につき、アメリカに明確に保証させる言質を取るべしとした意見は決して間違ってはいなかったのである。八月十四日、再び御前会議が開かれたが、阿南陸相は泣きながら持論を繰り返した。議論は前回通り真っ二つに分かれて決定できず、再び天皇の御聖断を仰ぐ以外になかった。天皇陛下のお言葉は次の通りである。

「反対論の意見はそれぞれよく聞いたが、私の考えはこの前申したことに変りはない。私は世界の現状と国内の事情とを十分検討した結果、これ以上戦争を続けることは無理だと考える。

国体問題についていろいろ疑義があるとのことであるが、私はこの回答文の文意を通じて、先方は相当好意を持っているものと解釈する。先方の態度に一抹の不安があるというのも一応はもっともだが、私はそう疑いたくない。要はわが国国民全体の信念と覚悟の問題であると思うから、この際先方の申入れを受諾してよろしいと考える。どうか皆もそう考えて貰いたい。

さらに陸海軍の将兵にとって武装の解除なり保障占領というようなことはまことに堪え難いことで、その心持ちは私にはよくわかる。しかし自分はいかになろうとも、万民の生命を助けたい。この上戦争を続けては結局我が国が全く焦土となり、万民にこれ以上の苦悩を嘗めさせることは私として実に忍び難い。祖宗の霊にお応えできない。和平の手段によるとしても、素より先方の遣り方に全幅の信頼を措き難いのは当然であるが、日本がまったく無くなるという結果にくらべて、少しでも種子が残りさえすればさらにまた復興という光明も考えられる。

私は明治大帝が涙をのんで思いきられたる三国干渉当時の御苦衷をしのび、この際耐え難きを耐え忍び難きを忍び、一致協力将来の回復に立ち直りたいと思う。今日まで戦場に在って陣歿し、或は殉職して非命に斃れた者、またその遺族を思うときは悲嘆に堪えぬ次第である。また戦傷を負いて戦災をこうむり、家業を失いたる者の生活に至りては私の深く心配する所である。この際私としてなすべきことがあれば何でもいとわない。国民に呼びかけることがよければ私はいつでもマイクの前にも立つ。一般国民には今まで何も知らせずにいたのであるから、突然この決定を聞く場合動揺も甚だしかろう。陸海将兵にはさらに動揺も大きいであろう。この気持をなだめることは相当困難なことであろうが、どうか私の心持をよく理解して陸海軍大臣は共に努力しよく治まるようにして貰いたい。必要あらば私が親しく説き諭してもかまわない。この際、詔書を出す必要もあろうから、政府はさっそくその起案をしてもらいたい。以上は私の考えである」

※**国体**＝建国以来、万世一系の天皇を戴く日本国家の根本のあり方。　**疑義**＝疑い。　**一抹**＝わずかな。　**保障占領**＝ポツダム宣言受諾の結果、アメリカ軍が日本を占領すること。　**祖宗**＝天照大御神始め皇祖皇宗・御歴代天皇。　**全幅**＝全て、あらんかぎり。　**苦衷**＝苦しい胸中。　**陣歿**＝軍人が戦死すること。　**殉職**＝職務遂行中に亡くなること。　**非命に斃れる**＝思いがけない災難で死ぬこと。　**詔書**＝終戦についての天皇の詔(みことのり・詔勅・ご命令)。

再度の御聖断の核心はやはり前回と同じである。「自分はいかになろうとも、万民の生命を助けたい」との大御心である。昭和天皇がポツダム宣言を受諾された最も大きな理由は、このまま戦争が続けば「日本がまったく無くなる」ということにあった。これは最も重要なことだから再度のべよう。

アメリカの本音はどこにあったか。アメリカ人にとり本当の人間は白人だけであり、日本人を含む非西洋人は人間以下の動物的存在でしかなかった。欧米人はそのような非西洋人を奴隷・召使いとして永久に支配せんと欲しその植民地支配が完成せんとしていた時代、唯一国日本だけが独立を堅持し毅然として欧米に立ち向った。白人・アメリカ人の立場からすると、日本がアメリカの隷属国とならずアメリカに楯突くことは絶対に許すことができない反逆行為であった。このことがよくわからないと、日本がなぜアメリカと戦わざるを得なかったか理解できないのである。

それともう一つアメリカが日本を蔑視するのは、日本人のほとんどがキリスト教徒でないことである。白人にとり真の宗教はキリスト教ただ一つである。それ以外の仏教や儒教、神道などを信じているのは未開野蛮な邪教迷信を盲信している救い難い連中であり、このような異教徒は地上から抹殺することがキリスト教の神のみ心に叶うことと考えていたのである。無論、許しがたい独善そのものの排他的な狂信だが、白人はその考えを絶対に正しいと少しも疑うことはなかった。それゆえこの地上から日本人を一人残らず絶滅することはキリスト教の神が許した正義であり善にほかならないから、情容赦なく原爆まで投下し無差別爆撃を行うことにいささかも罪悪感を抱かなかったのである。

昭和天皇はこのアメリカの意思を見据えておられた。戦いが続けば日本国民は全て虐殺されて「日本がまったく無くなる」という、絶体絶命のこの上ない危機にいま日本は立たされている。どうしてもこれを回避しなければならない。有条件降伏とはいえポツダム宣言は非常に厳しい内容であり、アメリカは「国体護持」につき明確な約束を与えることを拒んではいるが、昭和天皇はわが命を投げ出されて国民を助けたいと思われたのである。

この日もまた一言一句、とぎれがちに絞り出すように涙ながらに語られた。これを聴く者全員が涙を流しむせび泣いた。そうして全員がこの御聖断に従ったのである。この終戦の決定は昭和天皇だけが出来た。鈴木首相始め政治軍事の最高首脳にはそれが出来なかったのである。同日（八月十四日）、御聖断のあと下されたのが終戦の詔書である。

終戦の詔書

朕深く世界の大勢と帝国の現状とに鑑み、非常の措置を以て時局を収拾せんと欲し、茲に忠良なる爾臣民に告ぐ。

朕は帝国政府をして米英支蘇四国に対し其の共同宣言を受諾する旨通告せしめたり。

抑々帝国臣民の康寧を図り万邦共栄の楽を偕にするは、皇祖皇宗の遺範にして朕の拳々措かざる所、曩に米英二国に宣戦せる所以も亦実に帝国の自存と東亜の安定とを庶幾するに出で、他国の主権を排し領土を侵すが如きは固より朕が志にあらず。然るに交戦已に四歳を閲し朕が陸海将兵の勇戦、朕が百僚有司の励精、朕が一億衆庶の奉公各々最善を尽せるに拘らず戦局必ずしも好転せず世界の大勢亦我に利あらず。加之敵は新に残虐なる爆弾を使用して頻に無辜を殺傷し、惨害の及ぶ所真に測るべからざるに至る。而も尚交戦を継続せんか終に我が民族の滅亡を招来するのみならず、延て人類の文明をも破却すべし。斯の如くんば朕何を以てか億兆の赤子を保し皇祖皇宗の神霊に謝せんや。是れ朕が帝国政府をして共同宣言に応ぜしむるに至れる所以なり。朕は帝国と共に終始東亜の解放に協力せる諸盟邦に対し遺憾の意を表せざるを得ず。帝国臣民にして戦陣に死し職域に殉じ非命に斃れたる者及其の遺族に想を致せば五内為に裂く。且戦傷を負い災禍を蒙り家業を失いたる者の厚生に至りては、朕の深く軫念する所なり。惟うに今後帝国の受くべき苦難は固より尋常にあらず。爾臣民の衷情も朕善く之を知る。然れども朕は時運の趨く所堪え難きを堪え忍び難きを忍び以て万世の為に太平を開かんと欲す。朕は茲に国体を護持し得て忠良なる爾臣民の赤誠に信倚し常に爾臣民と共に在り。若し夫れ情の激する所濫に事端を滋くし、或は同胞排擠互に時局を乱り為に大道を誤り信義を世界に失うが如きは朕最も之を戒む。宜しく挙国一家子孫相伝え確く神州の不滅を信じ、任重くして道遠きを念い総力を将来の建設に傾け、道義を篤くし志操を鞏くし誓て国体の精華を発揚し世界の進運に後れざらんことを期すべし。爾臣民其れ克く朕が意を体せよ。

御名御璽

昭和二十年八月十四日

各国務大臣副署

※原文の片かなは平がなに、歴史的かな遣いは現代かな遣いに直し、適宜、句読点を打った。

（現代語訳）

私は世界の情勢とわが国の現状とについて深く考え、非常の措置によって今日の事態をとり収めようと決心し、ここに忠誠にして善良なるあなた方国民にのべる。

私はわが政府に、アメリカ・イギリス・支那・ソ連の四国に対して彼らの共同宣言（ポツダム宣言）を受諾することを通告させた。

そもそもわが国民の幸福平安を確保し、すべての国々との共存・繁栄の楽しみを分ち合うことは、御歴代天皇の根本の精神・遺訓であり、私が常々最も尊重し大切にしてきていることである。先にアメリカ・イギリス両国に宣戦したのも、まさにわが国の存立と東アジア諸国の安定を心より願望したからであり、他国の主権を排除して領土を侵すようなことはもとより私の本意ではない。

しかしながら交戦状態も既に四年を経過し、わが陸海軍将兵の奮戦力闘、わが全役人たちの懸命な働き、わが一億国民の献身的な奉仕、それぞれ最善を尽くしてくれたにもかかわらず、戦局は必ずしも好転せず世界の情勢もまたわが国に有利とはいえない。

それだけではなく、敵国（アメリカ）は新たに残虐なる爆弾（原子爆弾）を投下してむやみに罪なき国民を殺傷し、その悲惨な被害が及ぶ範囲は全く計り知れないまでに至っている。

従ってなお戦争を継続すれば、ついにはわが日本民族の滅亡を招くのみならず、さらには人類の文明をも破滅させるに違いない。そのようなことになれば、私はいかにしてわが子である全国民を守り、御歴代天皇の御霊にお詫びすることが出来ようか。これこそ私が政府に共同宣言を受諾させるに至った理由である。

私はわが国と共に終始東アジア諸国の解放に協力してくれた同盟諸国に対し

て遺憾の意を表せざるを得ない。わが国民において戦場で死し、職責のために亡くなり戦災で命を失った人々とその遺族に思いを馳せれば、わが身が引き裂かれるような悲痛な思いがする。さらに戦傷を負い災禍を蒙り職業、財産を失った人々の生活の再建については、私は深く憂え心を痛めている。

考えてみるならば今後わが国の受けるであろう艱難辛苦は言うまでもなく並大抵のものではない。あなた方国民の深い気持も私はよくわかっている。しかしながら私は時代のなりゆきに、堪え難きところを堪え忍び難きところを忍び抜き、この永遠の世界のために平和の基礎を築きたいと思う。

私はここに万世一系の皇国日本を護持することが出来、忠誠にして善良なるあなた方国民の赤き誠の心を深く信頼して常にあなた方国民と共に在ることを心から悦ぶ。激情に走り興奮して思慮なく無分別に事を起こしたり、国民が対立し合い世の中を乱し、日本人としての忠誠の道・道義を失うような事態は私が最も強く戒めるところである。

国を挙げて一家として団結し子孫がこれを受け継ぎ、神国日本の不滅を固く信じ、任務は重く道のりは遠いことを自覚し、祖国の再建に総力を傾け、道義を守り抜き大和魂を堅持し、世界に比類なき万世一系の皇国日本のうるわしい真価を発揮して、進みゆく世界に遅れをとらぬ覚悟をもたねばならない。あなた方国民はどうか私の心をよく理解して今後生きてほしい。

天皇陛下の御名と玉璽（印）

御聖断における昭和天皇の大御心が詔勅（天皇のご命令）として全国民に発せられ、これが翌日、玉音（天皇のお声）放送として伝えられた。終戦の御聖断につき天皇陛下が詠まれたのが次の御製

瓦礫の中で玉音放送を聞く国民（昭和 20 年 8 月 15 日）
（写真提供：共同通信社）

（天皇の詠まれる和歌）である。

爆撃（ばくげき）に　たふ（お）れゆく民（たみ）の　うへ（え）をおもひ（い）
　いくさとめけり　身（み）はいかならむ（ん）とも

身はいかに　なるともいくさ　とどめけり
　ただたふ（お）れゆく　民をおもひ（い）て

この二つの御製に昭和天皇の心の底から国民を思われてやまぬお気持ちが飾り無くにじみ出ている。こうして大東亜戦争を終結できたのである。

3、私は初めて神の如き帝王を見た

昭和天皇とマッカーサーの会見

結局アメリカは、国体護持につきわが国に対して文書においても口頭においても決して容認・保証の確約を与えなかったのである。その後、昭和天皇は九月二十七日、占領軍総司令官マッカーサーと会見された。昭和天皇の会見申し入れに対して、マッカーサーは、会見はするが出迎えも見送りもしないと答えた。国家元首に対してありえない傲慢無礼そのものの態度であった。マッカーサーは敗戦国の元首が敵国総司令官に会見を求める目的は、自分にはこの戦いの責任はなしとして生命・財産の保証の懇願に決まっていると思ったのである。アメリカ大使館をご訪問された時、天皇陛下はモーニング姿の正装である。これに対してマッカーサーはネクタイもつけないワイシャツ姿の軽装であった。

まずマッカーサーが口火を切り厳しい態度で、昭和天皇を罪人扱いにして「戦争責任を取るのか」と追及した。これに対して昭和天皇は何とお答えになったか。そのお言葉はいまだ公表されず伏せられたままである。しかし大体のことはわかっている。関係者のいくつかの文書がある。それを掲げて、昭和天皇がマッカーサーにいかに語られたか、歴史の真実に迫ってみよう。「私のことはどうなってもかまわない」「自分はいかになろうとも、万民の生命を助けたい」と切に願われた天皇陛下は、マッカーサーに何を話されたのであろうか。まずこの時随行した藤田尚徳侍従長の著書である。会見時、日本側で同席したのは通訳をした奥村勝蔵一人だが、奥村は天皇・マッカーサー会話の全部を記録に取った。藤田はそれを見た上で書いているから信頼してよい。

「敗戦に至った戦争のいろいろの責任が追及されているが、責任はすべて私にある。文武百官は私の任命する所だから彼等には責任はない。私の一身はどうなろうと構わない。私はあなたにお委せする。この上はどうか国民が生活に困らぬよう連合国の援助をお願いしたい」

ご発言の核心はやはり御聖断時と同様、「私の一身はどうなろうと構わない。責任はすべて私にある」ということである。そうして食物に困っている（昭和二十年は不作で、国民に餓死者が出る恐れがあった）国民を救ってほしいと懇願されたのである。次に橋本徹馬の『天皇秘録』にはこうある。

「自分は今度の戦争について重大なる責任を感じている。従って絞首刑も覚悟している。……また皇室財産は司令部の処置に任せる……自分の一身はどうなつてもよいから、どうか日本国民をこの上苦しめないで貰いたい……」

内容は藤田侍従長とほとんど同じだが重大な一言がある。「自分は絞首刑も覚悟している」である。果して天皇陛下はそこまで言われたのであろうか。

三つ目は、マッカーサー自身の言葉である。マッカーサーは再度語っている。

昭和天皇とマッカーサーの会見内容は絶対公開しない約束であったが、マッカーサーはこれを破ったのである。最初が昭和三十年九月、重光葵外相が訪米してマッカーサーと会見した時である。重光が天皇陛下のマッカーサーに対する「健康を祈る」とのお言葉を伝えると、マッカーサーは興奮の表情をありありとさせてこう答えたのである。

マッカーサーとの御会見
（昭和20年9月27日）
（写真提供：共同通信社）

「自分は日本天皇のご伝言を他のなにものよりも喜ぶものである。私は陛下にお出会いして以来、戦後の日本の幸福に最も貢献した人は天皇陛下なりと断言するのに憚らないのである。それにもかかわらず、陛下のなされたことは未だかつて十分に世に知らされておらぬ。十年前、平和再来以来、欧州のことが常に書き立てられて、陛下の平和貢献の仕事が十分了解されていないうらみがある。その時代の歴史が正当に書かれる場合には、天皇陛下こそ新日本の産みの親であるといって崇められることになると信じます。……どんな態度で、陛下が私に会われるかと好奇心をもってお出会いしました。しかるに実に驚きました」

「〝私は日本の戦争遂行に伴ういかなることにも、また事件にも全責任を取ります。また私は日本の名においてなされたすべての軍事指揮官、軍人及び政治家の行為に対しても直接に責任を負います。自分自身の運命について貴下の判断が如何様のものであろうとも、それは自分には問題ではない。私は全責任を負います〟

　これが陛下のお言葉でした。私はこれを聞いて興奮の余り、陛下に接吻(キス)しようとしたぐらいです。もし国の罪を贖うことが出来れば進んで絞首台に上ることを申出るという、この日本の元首に対する占領軍の司令官としての私の尊敬の念はその後ますます高まるばかりでした。

　陛下は御自身に対して、いまだかつて恩恵を私に要請したことはありませんでした。とともに決してその尊厳を傷つけた行為(天皇として品位・威厳を傷つける卑しい自己本位の振舞)に出たこともありませんでした。どうか日本にお帰りの上は、自分の温かいご挨拶と親しみの情を陛下にお伝え下さい。その際自分の心からなる尊敬の念をも同時にささげて下さい」

思いも寄らぬマッカーサーの発言だったが、これもやはり前二者の記録と同じである。重光外相はこれを聴いて深く感激してこうのべている。

「私はこれを聞いた時は本当に感激した。終戦の当時、戦犯の問題はもちろん追放の問題まで大騒ぎであった。その空気の中で、天皇陛下は少なくとも親らをかばおうとはせられず、戦争に対する国家国民の行動については如何なることも全責任を取ることを敵将に明言されたのである。その大御心は真に天日の如く世界を照らしておるというべきである。

私のこの言葉は旧式の感傷(刺激的な感情)の言葉ではなく、歴史上の事実に対する感激の言葉である。この歴史的事実は、陛下御自身はもちろん宮中からも今日まで少しも洩らされたことはなかった。それが恰度十年経った今日、当時の敵将占領軍司令官自身の口から語られたのである。私は何というすばらしいことであるかと思った。我々はなお日本民族の伝統を保っている。今日も君民一体、一君万民と古い言葉があるが、日本民族のうるわしい姿をマッカーサー元帥の口から聞き得たという感激をもってワードルフ・アストリア・ホテルを正午近く辞去したのであった」

重光はこれを同年九月十四日の読売新聞に公表したが、多くの国民が深く感激した。わが国史に永久に刻まれるべき記録である。さらにマッカーサーはそのあと『マッカーサー回想記』にてこうのべた。

「私は大きい感動に揺さぶられた。死をともなうほどの責任、それも私の知り尽している諸事実に照らして、明らかに天皇に帰すべきではない責任を引受けようとするこの勇気に満ちた態度は、私を骨の髄まで揺り動かした。私はその瞬間、私の前にいる天皇が個人の資格においても日本の最上の紳士であることを感じとったのである」

この二つの記録にあるマッカーサーの言葉に嘘偽りは少しもないことがわかるであろう。

私を絞首刑にしてもかまわない——「You may hang me」

以上の記録はほとんどみな同じ内容であることが明らかであるが、昭和天皇が戦争につき一身を投げ出されて全責任を取られることの正確なお言葉は、以上三人の記録の中では「絞首刑も覚悟している」の一言である。これには傍証がある。一つはマッカーサー自身の言葉で、「もし国の罪を贖うことが出来れば、進んで絞首台に上ることを申し出る」である。間接話法でマッカーサーは重光に明言している。マッカーサーが虚偽をのべたとは考えられない。

もう一つが『バイニング日記』である。当時の皇太子殿下に英語を教えたバイニングというアメリカ人女性は、会見後すぐマッカーサーに昭和天皇は何とおっしゃったのかを聞いてそれを日記に書きとどめた。

「マッカーサー元帥は陛下に対して最初、厳しい態度で臨み、『戦争責任をおとりになるのか』と質問した。これに対して陛下は……『私をどのようにしようともかまわない。私はそれを受け入れる。私を絞首刑にしてもかまわない（原文――You may hang me.）』とのべられた」

この二つの傍証から、天皇陛下が全責任を取られ国家国民を救わんとされて「絞首刑にしてもかまわない」とまで言われたことが明らかである。この昭和天皇のお言葉に、マッカーサーは心から打たれ感動せずにおられなかったのである。マッカーサーは煮ても焼いても食えない冷徹な男といわれ、ちょっとやそっとで感激をあらわにするような人間ではなかった。

ではなぜ会見録に目を通した藤田侍従長がこのお言葉を載せなかったかといえば、書くに忍びなかったからである。いかに戦いに敗れたとはいえ日本国民がひとしく崇敬してやまない生神（現人神）様と仰ぐ天皇陛下をして、敵将に「私を絞首刑にしてもかまわない」とまで言わしめたことを公刊の書物に書き記すことは、臣下として国民として忍び難いことであったからであり、とても書けなかったのである。しかし橋本徹馬は歴史の真実を国民に正しく知らせんとの立場から明記した。

マッカーサーの感激――「You」から「Your Majesty」に

最後にもう一つの記録がある。その時、通訳した奥村勝蔵（後に外務次官）の言葉だが、この人こそ唯一の日本側の証人である。その内容について口外してはならないとされていたが、奥村は最晩年に語っている。言わずしてあの世には行けないと思ったのであろう。

「天皇陛下のお供をして陛下と二人だけでマッカーサー元帥の部屋の入口に立った。元帥は自分の机の席で足を組んでパイプをくわえたまま動こうともしない。陛下は机の前まで進まれ挨拶の後、次の二つのことをのべられて私がその通訳に当った。

『今回の戦争の責任は全く自分にあるのであるから、自分に対してどのような処置をとられても異存はない。次に戦争の結果現在、国民は飢餓に瀕している。このままでは罪のない国民に多数の餓死者が出るおそれがあるから、米国にぜひ食糧援助をお願いしたい。ここに皇室財産の有価証券類をまとめて持参したので、その費用の一部に充てて頂ければ仕合せである』と陛下が仰せられて、大きな風呂敷包みを元帥の机の上に差し出された。

それまで姿勢を変えなかった元帥がやおら立ち上がって陛下の前に進み抱きつかんばかりにして御手を握り、『私は初めて神の如き帝王を見た』とのべて、陛下のお帰りの時は元帥自ら出口までお見送りの礼をとったのである」

奥村も「絞首刑にしてもかまわない」のお言葉を除いたのは、藤田侍従長と同じ思いであったろう。

既述したようにマッカーサーはぞんざいな略装のまま出迎えもせず、はじめに天皇陛下が握手を求めても拒絶し、足を組みパイプをくわえて無礼極まる傲然たる態度で会見に臨んだ。そこには国家元首に対する敬意はひとかけらもなかった。普通、皇帝・国王に対しては必ず「陛下（Your Majesty）」と敬語で呼びかけなければならないが、マッカーサーはこれを使わず「You（あなた、マッカーサーの気分としては〝おまえ〟であった）」と言った。ところが、陛下のお言葉が終るや態度はがらりと一変、立ち上がり感動もあらわに「Your Majesty（陛下）」と呼びかけ、目には涙を一杯に湛えて陛下の両手を固く握りしめ、接吻したい衝動に駆られた上、「私は初めて神の如き帝王を見た」と言ったのである。これは生き証人の言葉である。マッカーサーがいかに言い知れぬ感激に打たれたかが明らかであろう。

マッカーサーが感動して態度が一変した様子を、その時お供して控室ではらはらしていた宮内省総務課長筧素彦は二人が部屋から出てきた時のことをこうのべている。

「この瞬間、私は私の目を疑った。つい四十分ほど前には傲然とふん反り返っているかに見えた元帥がいかにも慎み深いように見える。侍従長のようないわゆる『鞠躬如として（身をかがめうやうやしく畏み慎むさま）』とでも言いたいような格好で、陛下の斜めお後ろに従い、そこで陛下が随員一人一人をご紹介くださって私共は一人一人元帥と握手をした。……この急激な変り様は一体どうしたことであろうか。陛下はまもなくご帰還の途につかれ、元帥はうやうやしく陛下をお抱えるのではないかと思われるような物腰で今度は玄関の扉の外までお送りし、そこで長身を屈めていかにも心の籠ったと見える握手をしたあと、はっと気がついたように扉の内側に消えたのであった」

部屋から出てきた時、普通ならば並んで来るところである。占領軍司令官が上で天皇はその隷属下にあるのだから、俺の方が偉いとばかりに威張るところだが、マッカーサーは陛下より一、二歩下ってまるで侍従長のように慎み深い姿を示したのだから、筧ら随行者が驚いたのは無理もなかった。そうしてマッカーサーは送迎の礼はしないという約束を破って恭々しくお見送りしたのである。

筧総務課長の感じたことが誤りでなかったことを、マッカーサーの副官(側近の部下、秘書)フォービアン・バワーズは晩年こうのべている。

「我々が玄関のホールに戻った時、元帥ははた目に見てもわかるほど感動していた。私は彼が怒り以外の感情を外に出したのを見たことがなかった。その彼が今ほとんど劇的ともいえる様子で感動していた。……私は元帥がどれほど深く感動してしまったかを知り驚いた。ついこの間まで『日本人の罪をどんなに処罰してやろうか』とばかり話していた人物なのに。天皇陛下が戦争犯罪人たちの身代りになると申し出られたことに驚いたと元帥は後に私に語った」

間違いなくマッカーサーは昭和天皇に感動したのである。マッカーサーはかつての歴史に一度も見たことのない「神の如き帝王」の姿を、昭和天皇に見たのである。

その結果、歴史はどう展開したか。アメリカは昭和天皇を「戦犯」として極東国際軍事裁判（東京裁判）に引きずり出し極刑（死刑）に処するつもりでいたのである。恐るべきことを企んでいたのであった。ポツダム宣言において皇室の容認を明記せずその後も国体護持の保証を与えなかったのは、原爆を投下する為のほかもう一つこうした魂胆を胸に秘めていたからである。皇室は一応黙認しよう。しかし昭和天皇は「侵略戦争」遂行の最高責任者として生かしてはおかない。そういう悪企みをしていたから、国体護持につき決して確証を与えなかったのである。

ところがマッカーサーは昭和天皇の神のごとき姿に直に接した。この昭和天皇をもし「戦犯」として裁き絞首刑にしたら、一体どうなるかということである。果して日本人は黙っているだろうか。想像を絶する事態が惹き起されることは必然と思い慄然(ふるえおののくこと)とするのである。もし何も思わなかったとしたら、マッカーサーは最低の愚人である。そこでどうしたか。天皇を戦犯として処刑することに断固反対する意見書を、昭和二十一年一月二十五日、本国政府に提出するのである。以下の文章である。

「天皇は全ての日本人を統合する象徴です。彼を滅ぼす(昭和天皇を死刑にする)ことは、国を崩壊させることになります。実際にすべての日本人は彼を国家の社会的首長として尊敬していますし、また彼等はそれが正しいか誤っているかは別として、ポツダム協定(宣言)は彼を日本の天皇として保持することを意図していたと信じています。天皇を排除するならば、彼等は連合軍の行動を自国の歴史における裏切りと見なし、この思いによって生じた憎しみと非難が疑うべくもなく考えうるかぎりの長期間続くことになるでしょう。復讐のための仇討ちが何世紀もの間繰り返されることになるでしょう」

マッカーサーはこう言わざるを得なかったのである。彼の心をかくも深く打った昭和天皇をもし絞首刑にしたらどうなるか。間違いなく全日本国民の総反乱が起きると思った。そうなったら絶対にこの事態を鎮定できない。これから何百年間も日本のアメリカに対する復讐の戦いが続くに違いない。この神の如き昭和天皇を処刑するという過ちを絶対に犯してはならない。アメリカ政府はこのマッカーサーの意見を無視するわけにゆかず、受け入れるほかなかったのである。

大東亜戦争というわが国最大の国難には、危機は実に二回あったのである。一つは戦争をいかに終結するかである。ポツダム宣言の受諾は昭和天皇の御聖断があって初めて可能であった。これで危機が去ったかと思ったらもう一つの危機が伏在していた。昭和天皇を「戦犯」として極刑に処すという策略であった。日本側はポツダム宣言の奥に秘められたアメリカの悪謀に気づかなかった。しかしこちらもまた昭和天皇がご一身を投げ出されて、この危機をも払いのけられたのである。

最晩年、宮内庁記者団とのご会見において記者より、マッカーサーは回想記その他で、天皇陛下がかくおっしゃったとのべておりますが、真実をお聞かせくださいとの質問がなされた。それに対して陛下は、会見内容は口外しないという約束だからと答えられず、黙ってあの世に旅立たれたのである。普通だったら相手が約束を破って再度のべたことだから、もう約束はご破算にしてよい。ところが昭和天皇は厳として約束を守られた。私たち日本国民としては真実を語って頂きたかった。未曾有の危機・国難において、私は一身を投げ出し全責任を負って国家国民を救うために務めたと。そう言われても自慢でも何でもない。これが外国の国王や元首であるなら回想録にでも書くところである。しかし昭和天皇は一言半句も言われなかった。このような国王・元首が一体、どこに存在するであろうか。まさにマッカーサーが感じたようにこの上なき偉大な神の如き天皇であったのである。このような天皇を国家の中心に戴くことは日本国民として至上の幸福ではないか。こうした終戦における真実の歴史は、全ての日本国民が知らなければならないと私は信ずるのである。

天皇なくして日本の存立はない——国難時、救世主としての役割

マッカーサーが昭和天皇に感動したことにつき、フォービアン・バワーズはさらにこうのべている。

「マッカーサーは彼（天皇）がそういうと思っていた。『私ではない。東條（英機・開戦時の首相）がやった』とね。ところがそんなことは全く言わなかった。そこでマッカーサーは天皇に感激し、彼を守ろうとした。当時、ワシントンからの圧力はものすごい勢いだった。オーエン・ラティモア（蒋介石顧問）、ディーン・アチソン（国務次官）などは全員『ハング・ヒロヒト（天皇を絞首刑にしろ！）』とわめいていた。『ヒロヒトを縛り首にしろ。ヒトラーも死んだし、ムッソリーニは逆さづりにされた。次はヒロヒトだ』と。そこでマッカーサーは何度も『ノー』と言わなければならなかった。『天皇を殺すことは、イエス・キリストを十字架に架けることと同じだ。日本人は立ち上り大反乱を起すだろう』とね」

マッカーサーの「天皇を殺すことは、イエス・キリストを十字架に架けることと同じだ。日本人は立ち上がり大反乱を起すだろう」との言葉は重要である。欧米人にとりキリストはまさに神であり神の子であり絶対的存在である。日本人にとり天皇の存在もまた同様だというのだ。だから絶対に昭和天皇を極刑に処するような過ちを犯してはならないとマッカーサーは思ったのである。マッカーサーはアメリカの占領政策を実行する司令官としても、昭和天皇のご存在なくしてとうてい占領統治が進められないことを痛感したのである。

一方、「自分はいかになろうとも、万民の生命を助けたい」との昭和天皇の無私の大愛に対して、心ある国民もまたその命を投げ出して、マッカーサーに天皇陛下の助命を願う切々たる嘆願書・直訴状を出した。その数約一千通である。主なものをあげよう。

「どんな苦痛も愚痴一つ言わずに忍ぶだけの心を持っておりますが、日本人の唯一つ忍び難いものは、天皇に関するご不幸です。それはどんなに小さなご不幸でも私共は忍ぶことが出来ません。

今上天皇（現在の天皇をさす呼び方。昭和天皇）は御歴代の天皇の中で一番お苦悩の多いご不幸な天皇でおいで遊ばされます。それを思うといつも泪が流れてまいります。その天皇にこの上御苦労をおかけ申し上げることの苦しさは、天皇をお持ちにならない閣下には御理解下さるまいとは存じますが、この気持は決して無知なるものの盲信狂信ではありません。私共にとって決して天皇は偶像としての神ではいらっしゃいません。私どもが天皇を仰慕する心は、もっともっと熱いもっともっと広いゆたかなものだと思っております。昨日も申し上げましたとおり、それは日本人の血の中に脈打って流れているものでございます。（中略）天皇をお守りするために、天皇の御安泰を保証される代りにならば、本当に私共の生命をよろこんでよろこんで閣下のお国へさし上げます。閣下にお願いいたします。どうぞ日本天皇を御理解下さいまし。（中略）私共の生命あらん限り愛し奉る、仰慕し奉る天皇、日本、そして美しいむさしの。閣下の御健康をお祈り申上げます。

十二月七日　　伊藤たか（血判）」

伊藤たかは女性、一庶民である。マッカーサーに連日、何通も直訴状を出し、血判まで押した命がけの行為であった。

「天皇陛下だけはとがめないで下さい。何卒伏してお願い申します」

「万一、天皇様に何事か起きた場合、私は生きておりません」

「天皇の裁判はお許し下さいますようお願い申しあげます」

「上御一人（天皇）にもしもの事がありますれば、私共国民は生き甲斐を失います。私の一命が御必要ならば喜んで私の一身は差し上げます。何卒私の切なる願いをお聞き届け下さいませ」

「万一、天皇に戦争責任なる言葉を用いらるる事となれば、日本人の血は逆流することだけは事実である」

「もし陛下を法廷に立つるが如き事あらば、私個人はもとよりの事、多くの日本人が歴史と伝統により蓄積されたる忠誠心と言うより寧ろ信仰心により、閣下個人のみならず米国人全てに対して今後永久に一大憎悪を抱き、且不測の事態の惹起必然にして……。閣下、我一命を賭し血書を以て懇願し奉ります。陛下の戦争責任を問わないで頂きたい。……お望みとあらば、我生命の提供も敢て辞せざる事を神に誓って断言します。微衷(自分の心中)を汲まれよ。

昭和二十年十二月十三日　日本臣　吉田幸元」

これは全文、血書(小指を切って血を出して書いた文)である。

「皇室は全然別であります。日本人には皇室は批判の外であります。日本人三千年来の自らなる感情であります。……天皇制への或は天皇御自身への何等かの危害が加えられたらどうなるだろうと思われますか。その時こそ世界最大の悲劇が生まれることは余りにも当然であります。それは大和民族八千万の全滅を見た時に初めて成功するでありましょう。

昭和二十年十二月十六日　戸塚秀司」

心ある日本人は、アメリカが昭和天皇を「戦争犯罪人」として処刑するのではないかということを最も恐れ憂慮し、絶対にこれを阻止する為に命を投げ出してマッカーサーに直訴したのである。これに対してマッカーサーは約千通の手紙を全て英語に翻訳させて自ら読んだ。いや読まざるを得なかったのである。マッカーサーは昭和天皇のお姿に接して涙を流して感動した。この天皇を死刑にしたら大変なことになると思った。その天皇を日本国民ははたしてどう見ているのか。どうしても知りたいことであった。もし国民が天皇に怨念を抱き天皇なんてどうなってもよいと思っていたとするならば、あるいは処刑してもかまわないと心変りしたかも知れない。だから残らず全部読んだのである。

　このほとんどみな同様の内容の命がけの手紙は、マッカーサーの心を強く打たずにはおかなかった。天皇の処罰は絶対やってはならないという気持を一層強めて、昭和二十一年一月の先述したアメリカ政府への意見具申となったのである。アメリカの日本弱体化政策を推進するためにも、天皇を残してむしろ「利用」するにしかずと考えたのであった。アメリカとしてはやがて天皇を無くしてしまう魂胆を秘めてはいたが、現時点で下手にやると占領統治そのものが成り立たない。このようにして辛くも天皇が存続し国体は護持されたのである。

　わが国未曾有の国難において、天皇というご存在がいかに重要であるかをのべてきた。平時においてはなかなかそれが気がつかずわからないのである。空気や水、太陽の存在とおなじである。一瞬一刻もこれらなくして生きられないが、ふだんは意識せずにその有難さを忘れているのである。数百年に一度という危機、国難において（近代においては百年間に明治維新・日露戦争・大東亜戦争・敗戦・占領統治とたて続けに国難が到来した）なくてはならぬものとして、天皇のご存在はこの上ない重要な役割を果すまさに救世主といってよいのである。

かつてない国難にご一身を捧げられて国家国民を救われ、万世一系の国体を護り抜かれた昭和天皇の無私と至誠、日本国民への大慈大愛に私たち日本国民は、いかに感謝しても感謝しすぎることはない。最大の民族的危機において国論をまとめ、国内の分裂を防ぎ、国家国民を一つに統合し得た昭和天皇の冠絶（とび抜けていること）した精神的権威は、いかなる卓越した政治家もとうてい及ばぬ比類なき偉大なるものである。天皇なくして日本の存在はありえない。一国の政治において国家国民を一つに束ね統合するということが一番困難な仕事であり、最も大切なことである。危機・国難においてそれをやり遂げることはいかにすぐれた政治家でも不可能に近い。それが出来る存在は天皇以外にない。傑出した指導者が束（たば）になってもこの役割は果すことができないことを教えてくれたのが、この終戦の歴史であった。

4、世界に比類なき君民一体の姿・国柄

天皇と国民との固い絆（きずな）

昭和天皇はそのあと昭和二十一年から二十九年まで沖縄以外の全都道府県に行幸（ぎょうこう）されて、敗戦・占領の悲しみに打ち沈み生活の苦難に喘（あえ）いでいた全国民を心からいたわり慰撫（いぶ）され励まされた。国民はどこにおいても天皇陛下を熱狂（ねっきょう）してお迎えし、そのお姿を拝（はい）しお言葉を頂き、万感（ばんかん）の想いをこめて涙とともに「天皇陛下万歳（ばんざい）」を奉唱（ほうしょう）し、祖国の再建を誓って奮（ふる）い立ったのである。全国いたるとこ

ろで繰り広げられた昭和天皇と国民の熱き心の通い合い、占領軍が絶ちきろうとした切っても切れない強く固い心の絆がこの時ほど深く強く感じられた時代はなかった。それは敗戦・占領下の日本の大地に咲いた清らかな美しい華であった。わが国が最も悲惨な状態に陥った時にかえって国民の陛下を思う崇敬、忠誠、親愛、感激の情は最高度の白熱状態を呈した。これこそ、天皇は国民を「大御宝」として慈しみ大切に思われ、国民は天皇を情において親として仰慕してやまぬ君民一体のゆるぎなき絆を堅持してきた日本の精神史における最も麗しい情景であった。ご巡幸時に詠まれた御製をいくつかあげよう。

戦ひの　わざはひうけし　国民を
おもふ心に　いでたちて来ぬ

わざはひを　わすれてわれを　出むかふる
民の心を　うれしとぞ思ふ

あな悲し　病忘れて　旗をふる
　人の心の　いかにと思へば

天皇陛下の涙——「お父さん」と呼びかけた少女

昭和二十四年五月、天皇陛下は佐賀県三養基郡基山町にある因通寺（浄土真宗）をご訪問なされた。そこには海外で両親を失った戦災孤児四十四人が愛情深い住職の温かい保護のもとで生活していた。このお寺は七百メートルもの参道があったが、ほとんどの町民が参道の両側に立ち並び陛下をお迎えした。「天皇陛下万歳」の声が山鳴りのように響き渡る中、陛下はそれに笑顔でお応えになられた。お寺に着かれると境内も立錐の余地なく人々で埋め尽されていた。静まり返る中、まず沖森源一佐賀県知事が最敬礼して歓迎の挨拶をのべた。

「本日、ここに九十万県民が久しくお待ち申し上げておりました天皇陛下を目の当たりに……」

とまでのべたところで、沖森知事は感極まり胸が一杯になり言葉が途切れて次の言葉が出てこないのである。そこで随行の侍従がそっと近づいて、知事の背を静かに撫でさすり「落ちついて、落ちついて」とささやいた。知事はやっと次の言葉を申し上げることができた。その次は因通寺の調寛雅住職の挨拶である。調住職は「知事さんはああだけれど、自分はあんなことがあってはいけない」と心をひきしめて、「奏上文」と書いた巻紙をもって陛下の前に進み深々と一礼して読上げた。

「本日此処に、一天万乗の大君（天皇を尊崇して申し上げる一つの言い方）をこの山深き古寺にお迎え申し上げ、感激これに過ぎたるものはありません」

ここまで読み上げたとき、住職もまたぐっと胸に熱いものが突きあげ言葉が途絶えてしまった。するとまた侍従がやってきて背中を撫で「落ちついて」と言われて、次の文を読むことができた。

天皇陛下を目の前に拝したとき、日本国民の心の奥底にある最も深い感情――

天皇を仰慕、敬愛してやまない至情——が吹き上がるのである。

天皇陛下はそのあと孤児のすまいである洗心寮に足を運ばれて子供たちを慰問された。孤児たちは各部屋で数人ずつ陛下をお迎えした。

陛下は満面に笑みを湛えられて孤児たちに声をかけられた。

「どこから」

海外のどこから帰ってきたかとのお尋ねである。子供たちは元気に答えた。

「満洲から帰りました」

「北朝鮮から帰りました」

陛下は「ああ、そう」とにこやかにお応えになる。

「おいくつ」

「七つです」

「五つです」

各部屋でこのような会話が続き、陛下はわが子に語るようにお顔を近づけられて、

「立派にね。元気にね」

と慰撫(人の心を慰めいたわること)し励まされた。言葉は短いが、深い真心がこめられているから、孤児たちは心を強く揺さぶられずにいられなかった。最後の部屋は三人の少女がお迎えした。その真中の少女が手に何かを捧げ持っていた。両親の位牌であった。それに気づかれた陛下は、

「お父さん、お母さん」

とお尋ねになられた。

「はい、これは父と母の位牌です」

「どこで」

「はい、父は満ソ国境で名誉の戦死をしました。母は引揚げの途中、病のために亡くなりました」

「お一人で」

少女は途中まで大人の日本人に助けられて佐世保に着き、そこでこのお寺の先生が迎えにきてくれましたとはっきりした口調で答えた。返事が終ると、陛下は

実に悲しい表情を浮かべられてこう言われた。

「お淋しい」

　すると少女は首を横に振って答えた。

「いいえ、淋しいことはありません。私は仏の子供です。仏の子供は亡くなったお父さんとも亡くなったお母さんともお浄土に参ったら、きっともう一度会うことが出来るのです。お父さんに会いたいと思うとき、お母さんに会いたいと思うとき、私はみ仏さまの前に座ります。そして、そっとお父さんの名前を呼びます。そっとお母さんの名前を呼びます。するとお父さんもお母さんも、私のそばにやって来て私をそっと抱いてくれるのです。私は淋しいことはありません。私は仏の子供です」

　人の心を打たずにはおかない実にけなげな少女のことばであった。孤児を救うために洗心寮を作り、つい少し前に亡くなった親代りの愛情深い先代住職と現住職からいつも教えられていたことを少女は語ったのである。

　深く感じ入られた天皇陛下は右手に持っておられた帽子を左手に持ち替えられ

て、右手でその少女の頭を二度、三度撫でられた。心の底からのこの上ない愛情の表現である。そしてこう語られた。

「仏の子供はお幸せね。これからも立派に育っておくれよ」

そのとき天皇陛下の御目から大粒の涙が畳の上に滴り落ちた。ふだん天皇陛下は人前で涙を見せることはない。しかし陛下は誰憚ることなくこの少女のために泣かれ、まさに親のごとき深い愛情をもって励まされたのである。頭を撫でられた上に涙まで流された陛下の前に感動の極みに達した少女は、思わず陛下に向って小さな声だったが、

「お父さん」

と呼んだ。天皇陛下に父親の愛情を感じたのである。陛下は深くうなずかれた。この情景にそこに居あわせたすべての人々が泣き濡れたのである。

いよいよ天皇陛下が因通寺をお立ちになるとき、四十四人の孤児たちは陛下にまとわりつくようにしてお見送りした。陛下の洋服の端をしっかり握った一人は、「また来てね」と言った。陛下はその子をじっと見てにっこり微笑まれて言

われた。

「また来るよ。今度はお母さんと一緒に来るよ」

　孤児たちは陛下に「父」を感じている。だから今度は「お母さん」つまり皇后陛下と一緒に来ると仰ったのである。「天皇陛下万歳」の嵐のような歓声の中、お車はゆっくり立ち去った。

　このような国王と国民の関係は日本にしかありえない。わが国の天皇と国民の間柄は「義は君臣、情は親子」といわれてきた。義とは正しい秩序ということ。天皇は国家国民をたばね統合する中心・核心であり、天皇なくして日本という共同体・大生命体は存在しえない。日本国民はこの「万世一系の天皇」を深く尊崇し仰慕し忠義・忠誠を尽してきた。これが「君臣の義」である。一方、歴代天皇は常に国民を「大御宝」として、わが子として慈しみ大切にしその幸せを祈ってこられた。国民はこのような天皇を親として国父として敬愛仰慕してきた。天皇と国民は親子一体の関係にあるのが本当の日本の歴史の姿だが、それが如実に明らかに示されたのが約九年間にわたる昭和天皇の全国御巡幸であったのである。因通寺におけるような情景がいたる所で展開されたのである。

わが国には世界のどこの国にもない天皇を戴く類いない歴史と伝統、日本ならではのすぐれた特性・個性が厳然として存在している。アメリカのような二百数十年の歴史しかない国の物真似はしてはならないし、シナや北朝鮮のような無法者・ならず者国家のようになってはならないのである。世界で最も尊く長い価値ある至上の歴史伝統文化文明をもつ日本を誇りをもって護り抜かねばならないのである。

皇居勤労奉仕――嗚咽の「君が代」斉唱

次の話もまた天皇と国民の固い絆を謳って余りある。現在も行われている皇居勤労奉仕は昭和二十年十二月、宮城県栗原郡(現栗原市)の青年男女六十五名の手によって始められた。戦災のために皇居前広場が雑草が茂り荒れ放題になっているると聞いて黙っているに忍びず、我々の手で清掃させていただこうと上京したのである。「今どき天子様（天皇陛下）のために何か働いたら、マッカーサーが我々を検挙するかもしれない」と悲壮な思いで、若い娘の中には両親と水盃を交して出てきた人もいた。たとえ牢屋にぶちこまれてもかまわないというやむにやまれぬ大和魂の発露であった。人々は鎌を携え、数日分の食物、燃料を用意し東京の人たちに決して迷惑をかけぬ準備をしてやって来たのである。

宮内省の木下道雄侍従次長はこの申し出を聴いて深く感動、「よく来て下さった。皇居前広場もさることながら、皇居内がアメリカ軍の爆撃でがれきの山な

みくに奉仕団（第一回皇居清掃奉仕団）の記念碑

みくに奉仕団の記念碑の近くにある昭和天皇行幸記念の石碑

（宮城県栗原市双林寺・撮影：行方徹氏）

のでそこの片付、掃除をお願いしたい」と依頼した。この予期せぬ頼みに一同は大喜びし、連日すさまじい活動をして三日後には瓦や石の破片などがきれいに片付けられた。このとき十二月八日朝、昭和天皇は自らその青年たちにお会いになられたのである。まず代表者がご挨拶申し上げたあと、陛下は、「遠いところから来てくれて、まことにありがとう。郷里の農作の具合はどんなか、地下足袋は満足に手に入るか、肥料の配給はどうか、何が一番不自由か」と次から次へとご質問された。十分間ほどお話のあと、「何とぞ国家再建のため、たゆまず精を出してもらいたい」とのべられ、お帰りになった。

二、三十歩お歩きになったその時、突如列の中から沸き起ったのが君が代の斉唱である。当時、占領軍の取締りがやかましく自由に歌えなかった（占領軍はここまで日本人を抑圧し抜いたのである）。日本人としての深い気持がおのずから奔り出たのである。一同は君が代の斉唱裡に陛下をお見送り申し上げようとしたのだが、意外にも陛下はお歩みを止められじっとお聴き入れになった。このお姿を拝してご歩行をお止めしては相済まぬ、早く唱い終らねばと焦るが、焦れば焦るほど歌声は途絶えがちになり果ては嗚咽の声に代った。木下侍従次長はこうのべている。

「見ると真っ黒な手拭を顔に押しあてた面伏しの姿もある。万感胸に迫り悲しくて悲しくて唱えないのだ。私も悲しかった。誰も彼も悲しかった。しかしそれはただの空しい悲しさではない。何かしら言い知れぬ大きな力のこもった悲しさであった。かろうじて唱い終ったとき、陛下は再び歩を進められてお帰りになった」

　そのあと青年たちは、木下侍従次長に「皇居の草を一把ずつ頂いて郷里の土産にしたい」と申し入れた。どうするのかと尋ねるとこう答えた。

「私たちは農民です。草を刈って肥料のために堆肥を作ります。この一把の皇居の草を（といって堅く堅く握りしめ目に涙していう）いただいて、持って帰って堆肥の素として私たちの畑を皇居と直結したいのです」

　木下侍従次長はこの物語を次のように結んだ。

「疑いもなくこれは名もなき農村男女青年の渺たる（ほんのかすか）一団である。

だがしかし名誉を思わず、利益を求めず、占領軍の弾圧あらばあれ、ただ一片の衷情(心情)やみがたく、やまとごころの一筋に立ち上がったこの一群れの間にひらめく正気は、決して空しくは消え去らなかった。正気は友を呼ぶ。この報、一たび全国に伝わるや、当時断腸の思いに沈んでいた国民の心の琴線は俄然、高鳴りを始めだしたのである。栗原郡からは、第二隊、第三隊第四隊第五隊と陸続上京してくるし、次には隣りの郡、また次には隣りの県、終には北海道、南は九州のはてに至るまで全国から奉仕の願い出は殺到するばかりで、今日(昭和四十二年)すでにその奉仕の実数は数十万に達するであろう。官辺(役所)より何らの指示勧奨もあるのではない。ただ国民至情の赴くところしからしめるのである」

この時詠まれた御製が次のものである。

をちこちの　民のまゐ来て　うれしくぞ
宮居のうちに　今日もまたあふ

※をちこち＝遠い所、近い所

戦に　やぶれし後の　今もなほ
民のよりきて　ここに草とる

君民一体の極致を謳われたこの上なき名歌である。

アメリカが最も恐れ破壊せんとしたのは、この世界にただ一つしかない日本の国体であったが、廃絶するにはあまりにも根底が深い天皇と国民の固い紐帯（絆）であったのである。

こうした天皇と国民の断ち難い強固な絆、親子一体の至情こそ皇国日本の真の姿である。天皇陛下はいつも赤子（子供）たる私たち国民を見守って下さっている。そのような方がおられるということは、私たちの人生においてどれほど大きな心の安らぎ、励みになるかはかりしれない。人間はたとえどんなに辛い目、苦しい目にあってもいつもお父さん、お母さん、家族たちが愛情深く見守ってくれ

勤労奉仕団に御会釈　昭和60年2月22日
（宮内庁提供）

るならば絶対に挫けることはない。いかなる艱難にあっても立ち上がることができる。わが国におけるそうした最も大なるご存在が天皇である。

国安かれ民安かれの祈り・祭祀

昭和天皇の高貴そのもののご人格は、ひとつは天性、一つは乃木や東郷ら忠臣たちの渾身のご輔導、そうしてご自身の生涯にわたるご修養ご研鑽による。天皇陛下の最大の任務は祭祀であり、「国安かれ民安かれ」の祈りである。昭和天皇の国安かれ民安かれの祈り、国家国民を切に思われる至情は何より御製に明らかに顕われている。

ふる雪に　こころきよめて　安らけき
世をこそいのれ　神のひろまへ
昭和6年

天地の　神にぞ祈る　朝なぎの
海のごとくに　波立たぬ世を
昭和8年

西ひがし　むつみかはして　栄ゆかむ
世をこそ祈れ　年のはじめに
昭和15年

ふりつもる　み雪にたへて　色かへぬ
松ぞををしき　人もかくあれ
昭和21年

（占領中の苦難にあって、この雪中の松を見習って日本人の自覚、節操、誇りを決して忘れてはならない）

国民と　ともに心を　いためつつ
帰りこぬ人を　ただ待ちに待つ
昭和24年

（シベリアなどに不当に抑留された多くの人々の帰還を切に祈られたもの）

国（くに）の春と　今こそはなれ　霜（しも）こほ（お）る
冬にたへ（え）こし　民（たみ）の力に　昭和27年
（講和条約が結ばれ独立を回復した悦びを詠まれたもの）

国のため　命ささげし　人々の
ことを思へ（え）ば　胸せまりくる　昭和34年

年（とし）あまた　へにけるけふ（きょう）も　のこされし
うからおもへ（え）ば　むねせまりくる　昭和37年
※うから＝親族

日々（ひび）の　このわがゆく道を　正さむ（ん）と
かくれたる人の　声を求むる　昭和41年

樺太（からふと）に　命をすてし　たを（お）やめの　　昭和43年
心を思へ（もえ）ば　むねせまりくる
※昭和20年8月20日、ソ連軍侵攻の折、樺太（からふと）・真岡（まおか）郵便局
九人の乙女が自決。

ななそぢを　迎（むか）へ（え）たりける　この朝も
祈るはただに　国のたひ（い）らぎ　　昭和45年
※**ななそぢ**＝七十歳　**たひらぎ**＝国家の安泰・平和

よろこびも　かなしみも民と　共にして
年はすぎゆき　いまはななそぢ　　昭和45年

わが庭の　宮居（みやゐ（い））に祭（まつ）る　神々（かみがみ）に
世のたひ（い）らぎを　いのる朝々　　昭和50年

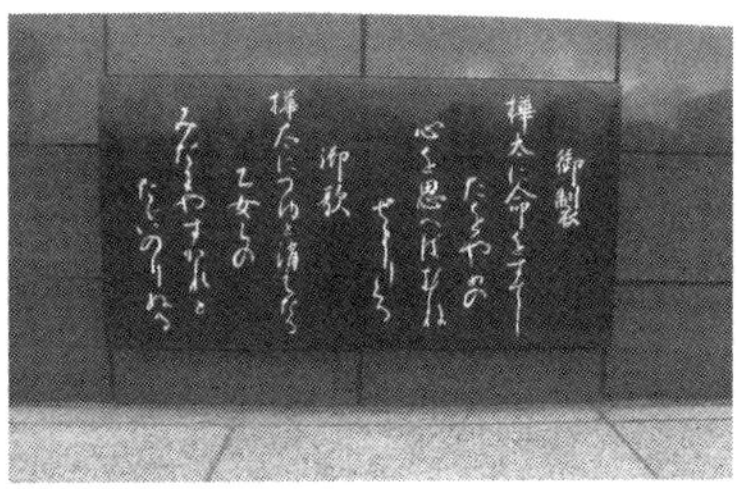

九人の乙女の碑・行幸啓碑（稚内公園）

※宮居に祭る神々＝宮中三殿（賢所・皇霊殿・神殿）に祭る天照大御神始め皇祖皇霊・御歴代天皇の御霊、八百万神。

この年の　この日にもまた　靖國の
　みやしろのことに　うれひはふかし　　昭和61年

思はざる　病となりぬ　沖縄を
　たづねて果さむ　つとめありしを　　昭和62年

やすらけき　世を祈りしも　いまだならず
　くやしくもあるか　きざしみゆれど　　昭和63年

国家の安泰と弥栄を祈り、国民を「大御宝」として真にいつくしみ、国民と喜びと悲しみを共にされるのが天皇であり、それが皇室の不変の伝統である。

国難を乗り越える力——日本国体こそ世界最高最大の遺産

　このようなわが国の天皇には、外国人もまた心を打たれざるを得ないのである。昭和天皇ご在世時、外国大使が皇居にて離任の挨拶をする時、大使も夫人も陛下とお別れすることが悲しくつらいとほとんどの人が涙を浮かべたという。夫人の中には頬に伝わる涙を拭うこともせず泣きながら陛下においとまごいをしたと伝えられている。それはヨーロッパの共産国家の大使・夫人も例外ではなかった。ロペス・メキシコ大統領は昭和五十三年こう語っている。

「日本は第二次大戦に敗けて全国焦土となった。その瓦礫（瓦と小石）の中から立ち上がったのに、三十年にしてかくの如く復興、繁栄した。そのわけがどうしても私には分らなかった。それが今度日本へ来て天皇陛下とゆっくりお話し合って見て、その謎はことごとく氷解（すっかり謎が解けること）した。今日の日本の繁栄はみんなあの方（昭和天皇）のお力ですよ。私はこれを日本の皆さんの置土産にして国へ帰ります」

昭和五十六年に来日したローマ法王ヨハネ・パウロⅡ世はポーランド出身の大の親日家で、ポーランドでは「聖人」と賛えられた人格者だが、天皇陛下にこうのべている。

「私は陛下が無益な受難が起こらぬようにするため、先の大戦を終らせようと断固たる努力を払い、そしてすべての国民に代って一人で戦争の責任を引き受けようと申し出られた陛下の高貴な態度に格別の尊敬を表します」

ローマ法王ヨハネ・パウロⅡ世との御会談（宮内庁提供）

これは外交辞令をはるかに超えた絶賛であり、ローマ法王は心の底から昭和天皇に頭を垂れたのである。欧米人にとりローマ法王はイエス・キリストの代理であり、いわば神の如き存在である。キリスト教国の国王・大統領・首相の誰よりも偉く絶対に人に頭を下げる人ではない。唯一人の例外が昭和天皇であった。命を投げ出されて全責任をとり全国民を救われた昭和天皇に、おそらくイエス・キリストの姿を感じたのであろう。最後に台湾の李登輝元総統はこうのべている。

「昭和天皇の御製の中に、

　ふりつもる　み雪にたへて　いろかへぬ
　　松ぞををしき　人もかくあれ

というのがある。この言葉も実に素晴らしい。見事に『勇』と『義』がこの名歌に止揚(より高度な段階にいたること)されて、さらなる上の次元(状態)にまで到達しています。昭和天皇もまた『武士道』を最もよく体現されていた存在だと思います。そうでなければ、あのマッカーサーを立ちどころに心服させることなど到底不可能であったでしょう」

　海外の本当に立派な人物は昭和天皇の真の偉大さが分るのである。そして自分たちには及びもつかない稀有の存在であることが、偉い人ほど分る。自分が一番偉いと己惚れている者ほど、天皇なんかいらないというのである。

　天皇・皇室を戴く皇国日本、日本の歴史・伝統・文化・文明こそ至上最高の世界遺産にほかならない。天皇を戴く日本という国がもし存在しなかったならば、間違いなく世界は真暗闇になる。いまなお世界は混迷の極にある。しかしこの混沌とした世界に真に調和した状態が訪れることがあるとするならば、それは世界の国々人々が天皇を戴くこの神国日本の素晴らしさを理解する時である。その前に日本人自身がこのことに気がつかねばならない。

天皇こそ国家国民統合の中心、国民の精神的結合の核心、日本国民の心の拠り所である。

国家が確固として存立するためには、国民を一つにまとめ、日本国民であることに悦びと誇りを持つことが出来る中心・精神的拠り所をどうしても必要とするが、その最も大なるものが天皇である。昭和天皇はそのご生涯において身を以てこれを日本国民に示されたのであった。至誠と慈愛、無私にして謙虚、純真そのもののお方、昭和天皇は「人間として最も多く神を宿し給う方」であった。

かくの如き王室を戴く国は世界にない。私たち日本人は世界に比類なき皇室、聖帝昭和天皇をいただいた歴史を持つことを悦びとし誇りとしなければならない。それこそが国難を乗り越えることができる根本の力であるからである。

参考文献

『昭和天皇実録』全十九巻　宮内庁　東京書籍　平成27〜令和2年
『天皇語録』　由利静夫・東邦彦編　講談社　昭和49年
『昭和天皇独白録―寺崎英城御用掛日記』　文藝春秋　平成3年
『天皇さま』　甘露寺受長　日輪閣　昭和48年
『新編宮中見聞録』　木下道雄　日本教文社　平成10年
『側近日誌』　木下道雄　文藝春秋　平成2年
『今上陛下と母宮貞明皇后』　筧素彦　日本教文社　昭和62年
『昭和天皇と私』　永積寅彦　学習研究社　平成14年
『終戦秘史』　下村海南　講談社　昭和25年
『大日本帝国最後の四ヵ月』　迫水久常　オリエント書房　昭和48年
『マッカーサー回想記』上・下　朝日新聞社　昭和39年
『保田與重郎全集』第26巻　講談社　昭和62年

『聖帝昭和天皇をあおぐ』　日本を守る国民会議　平成元年
『侍従長の回想』　藤田尚徳　講談社　昭和36年
『天皇秘録』　橋本徹馬　紫雲荘出版部　昭和28年
『天皇さまが泣いてござった』　調寛雅　教育社　平成9年
『歌人・今上天皇』　夜久正雄　日本教文社　昭和51年
『昭和天皇のおほみうた』　鈴木正男　展転社　平成7年
『昭和天皇　御製にたどるご生涯』　秦澄美枝　ＰＨＰ研究所　平成27年
『昭和の民のこころ』　御在位六十年奉祝委員会　昭和62年
『天皇の印象』　安倍能成他　創元社　昭和24年
『いくたびの春』　入江相政　ＴＢＳブリタニカ　昭和56年
『昭和天皇』　小堀桂一郎　ＰＨＰ新書　平成11年
『裕仁天皇五つの決断』　秦郁彦　講談社　昭和59年
『「武士道」解題』　李登輝　小学館　平成15年
『アメリカの戦争責任』　竹田恒泰　ＰＨＰ新書　平成27年

第三話　昭和天皇――喜びも悲しみも民と共にして

『新潮45』平成11年9月号
『資料・戦後史―終戦・初期占領・憲法改正』日本青年協議会　昭和54年
『容赦なき戦争』ジョン・ダワー　斎藤元一訳　平凡社　平成13年
『米英にとっての太平洋戦争』上・下巻　クリストファー・ソーン　市川洋一訳　草思社　平成7年
『天皇という「世界の奇跡」を持つ日本』ケント・ギルバート　徳間書店　平成31年
ほか

日本の偉人物語　6

良寛　渋沢栄一　昭和天皇

初版発行　令和3年4月20日

著　　者　岡田幹彦
発 行 者　白水春人
発 行 所　株式会社 光明思想社
〒103-0004 東京都中央区東日本橋2-27-9　初音森ビル10 F
TEL 03-5829-6581
FAX 03-5829-6582
URL http://komyoushisousha.co.jp/
郵便振替 00120-6-503028

装　　幀　久保和正
本文組版　メディア・コパン
印刷・製本　中央精版印刷株式会社

ISBN978-4-86700-015-1